_____ 님의
아름다운 동행을 응원합니다

강아지 집사
업무일지

글·그림 **오윤도** 작가
자문·감수 **차진원** 수의사

초판 1쇄 발행 2018년 4월 25일 | 초판 2쇄 발행 2018년 6월 10일 | 발행인 김태웅 | 편집장 강석기 | 디자인 서진희 | 마케팅 총괄 나재승 | 마케팅 서재욱, 김귀찬, 이종민, 오승수, 조경현, 양수아 | 온라인 마케팅 김철영, 양윤모 | 제작 현대순 | 총무 전민정, 안서현, 최여진, 강아담 | 관리 김훈희, 이국희, 김승훈 | 발행처 (주)동양북스 | 등록 제2014-000055호 | 주소 서울시 마포구 동교로22길 12 (04030) | 전화 (02)337-1737 | 팩스 (02)334-6624 | www.dongyangbooks.com | ISBN 979-11-5768-381-9 13490

ⓒ 오윤도, 2018 | 본 책은 저작권법에 의해 보호를 받는 저작물이므로 무단 전재와 복제를 금합니다. | 잘못된 책은 구입처에서 교환해 드립니다.

이 도서의 국립중앙도서관 출판예정도서목록(CIP)은 서지정보유통지원시스템 홈페이지(http://seoji.go.kr)와
국가자료공동목록시스템(http://www.nl.go.kr/kolisnet)에서 이용하실 수 있습니다.
(CIP제어번호:CIP2018010102)

 작가의 말

안녕하세요. 라무 집사 오윤도 입니다.

연재하고 있는 웹툰 플랫폼에서 특집으로 진행한 반려견 시리즈 '라무 좋아 너무 좋아'라는 웹툰 작업을 계기로 양정화 편집자님과 인연이 닿아 『강아지 집사 업무일지』 책을 출간하게 되었습니다.

웹툰 주간 마감과 『강아지 집사 업무일지』 작업을 병행하다 보니 강아지를 위한 책을 쓰면서도 바쁘다는 핑계로 정작 라무와는 함께 많은 시간을 보내주지 못했지만 기특한 라무는 보채지 않고 자기 나름대로 시간을 잘 보내주었습니다. 그런 라무가 너무나도 사랑스럽고 고마울 따름입니다. 게다가 라무가 없었다면 이런 멋진 책 작업을 할 수 없었기에 라무와의 인연이 더 특별하게 느껴집니다.

『강아지 집사 업무일지』는 하나의 정보로만 이루어진 책이 아니라 지금 나와 함께 살아가는 반려견의 이야기를, 첫 만남부터 긴 이별의 순간까지 집사로 겪을 수 있는 모든 상황을 에피소드와 함께 관련 팁을 알차게 담았습니다. 또한, 차진원 원장님께 개님에 대한 궁금증을 묻는 코너에서 집사가 꼭 알아야 할 올바른 지식을 정확히 들을 수 있어 반려견과 함께하는 사람이라면 모두 공감하고 유익한 정보를 얻을 수 있는 책입니다.

저는 라무와 함께 하면서 많은 경험을 했다고 생각했지만 번번이 처음 마주하는 상황에는 늘 당황하게 됩니다. 때론 집사 만족으로 라무를 대하고 있는 건 아닌지 생각하게 될 때가 있습니다. 여러분은 그럴 때 이 책에서 읽은 에피소드와 정보를 떠올리며 나의 반려견을 이해하고 동행하는 데 도움이 되었으면 좋겠습니다. 그리고 '우리 강아지도 이런데!' 하고 공감해주신다면 더욱 기쁠 거 같습니다.

Thanks to...

멋진 책 작업을 함께할 기회를 주시고 기획해 주신 장금이 집사 양정화 편집자님, 유기견 입양을 추천해준 친구 소영, 라무와 인연 만들어 준 고유거 카페, 새로운 막내 라무를 사랑으로 받아준 우리 가족, 내 삶의 활력소인 라무. 그리고 반려견과 인연을 맺고 더 많이 알아가고 이해하고 싶은 생각에 이 책을 펴보신 모든 분께 감사합니다.

행복한 강아지 집사 오윤도

Contents

Part 1 강아지 입양기

- 01. 강아지 입양 준비 — 10
- 02. 강아지 입양 — 14
- 03. 강아지 배변훈련 I — 18
- 04. 강아지 잠자리 — 22
- 05. 강아지 첫 식사 — 26
- 06. 강아지 이갈이 — 30

Part 2 개님 먹거리

- 01. 개님 주식 — 36
- 02. 개님 간식 I — 40
- 03. 개님 간식 II — 44
- 04. 개님 다이어트 — 50

Part 3 개님의 일상

- 01. 개님 배변훈련 II — 56
- 02. 개님 본능 — 60
- 03. 개님 놀이 — 64
- 04. 개님 혼자 있기 — 68
- 05. 분리불안 — 72
- 06. 식분증 — 76

Part 4 건강한 개님

- 01. 마운팅, 염좌와 골절 — 82
- 02. 흥분과 짖음, 눈 건강 — 86
- 03. 항문, 귀 건강 — 90
- 04. 구토, 고열과 저열 — 94
- 05. 중성화 수술 — 98
- 06. 임신과 출산 — 102

Part 5 청결한 개님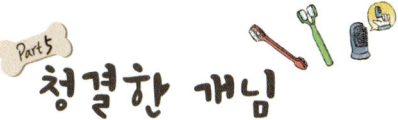

- 01. 이빨 닦기, 발톱 자르기 · 108
- 02. 몸 털기, 몸 비비기 · 112
- 03. 개님 목욕 · 116
- 04. 개님 미용 · 120

Part 6 개님과 쇼핑

- 01. 장난감, 훈련용품 · 126
- 02. 이동장, 안전용품 · 130
- 03. 외출 필수품 · 134
- 04. 패션 용품 · 138

Part 7 개님과 외출

- 01. 개님 산책 매너 · 144
- 02. 산책 시 주의점 I · 148
- 03. 산책 시 주의점 II · 152
- 04. 개님과 떠나는 여행 · 156

Part 8 노년과 이별

- 01. 나이든 개님 · 162
- 02. 아주 멀리 떠나다 · 166

Preview

첫 만남부터 긴 이별까지...
반려견의 모든 순간을
기록한 업무일지

#궁금해요
SBS TV 동물농장 자문 수의사 차지현 원장님께서 집사들이 잘 못 알고 있는 지식의 오류를 바로잡아주는 시간이에요.

#툭!툭!툭!
개님을 잘 모시기 위해 필요한 정보와 경험담을 들어볼 수 있어요.

궁금해요

#강아지 사료 #사랑 음식

강아지 사료 선택 시 주의 사항이 있을까요?

개님은 유년기, 성장기, 성년기, 노령견들이 먹는 사료가 달라요. 요즘은 all life stage라고 해서 어릴 때부터 성년까지 다 먹을 수 있는 사료들이 나오지만 단백질 함량과 칼로리양들이 조금씩 차이가 있으므로 나이 대에 맞는 사료를 주는 것이 좋아요.

보통 1kg의 강아지는 200~250kcal가 필요하며 1kg 늘어날 수록 50kcal 더 필요해요. 사료마다 제각이 되어 있으니 참고하세요.

사료의 양을 결정할 때 기준은 우선 집의 운동량이 없는 아이들은 이정도 주는데 더 빠지는 것 같다면 조금 더 주시고 운동량이 많은 아이들은 이정도도 살이 찔 수 있으니 상황을 봐서 조절해주는 것이 좋아요.

사랑이 먹는 음식을 먹으면 안되나요?

- 바로 보이는 증상은 없던데... 괜찮은 거 아닌가요??
- 아예 안 줄 수는 없겠지만 가급적 안주는 편이 좋아요.
- 주면 너무 맛있게 먹어서요...
- 먹을 때는 맛있게 먹어도 위장에서 받아들여서 실화로도 진행 될 수 있어요.
- 표정도 간절하고...
- 간이 되어있는 음식에 입맛이 들면 나중에는 사료를 안 먹을 수도 있으니 주의해주세요.
- 냠 알겠습니다.

툭! 툭! 툭!

먹으면 안 되는 것들 더 알아보기

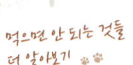

약품, 파 종류의 향이 강한 제품, 관엽식물, 구조식물, 감산성의 세제 등 화학약품, 닭이나 큰 생선의 뼈, 과일리놀을 들어간 제품(생선이나 바쁨의 원인이 됩니다). 만약 먹으면 안 되는 것들을 먹일 경우 우선 먼저 전화하고 하고 병원으로 가져가, 집과 가까운 24시간 동물병원을 미리 꼭 알아두세요.

견종이야기

푸들 Poodle

- 고 향: 프랑스
- 체중/크기: 소형 2~3kg / 중소형 3~6kg / 중형 6~20kg / 대형 20~27kg
- 외 모: 긴 주둥이, 금눈글눈한 양털같은 털
- 성 격: 자신감 넘치고 온순함, 침착함
- 운동량: 많음
- 잘 걸리는 병: 슬관절 탈구, 피부염, 유루증, 심장질환
- 색 상: 화이트, 블랙, 크림색이거나 갈색, 회색
- 친화성: 높음
- 털 빠짐: 적음

푸들은 몸의 크기에 따라 가장 큰 스탠더드, 중형크기 미디엄과 미니어처, 가장 작은 토이로 분리해요. 털갈이를 하지 않는 양쪽 곱슬곱슬한 털이 매력적이고, 잘 빠지지 않아 털 날림 걱정이 없습니다. 하지만 털 엉킴이나 피부 열린 곤란에 털이 많이 엉키어 1달에 한 번쯤은 털을 관리해 신경 써주세요. 그리고 눈치가 빠른 똑똑한 성격을 가졌고 초보 개 집사에 알맞은 이 견종 미친 뜻 오르더라도 뭐가도 훈련이 오랫동안 기울이 부족하거나 기름이 좋을 때는 행동이니 놀라지 마세요.

#견종 이야기
예비 집사는 반드시 자신이 모실 개님에 대한 기초 지식이 필요하죠. 미리 다양한 견종의 정보를 알아볼 수 있어요.

Part 1
강아지 입양기

01. 강아지 입양 준비
02. 강아지 입양
03. 강아지 배변훈련 I
04. 강아지 잠자리
05. 강아지 첫 식사
06. 강아지 이갈이

01 강아지 입양 준비

#1 예비 개 집사의 준비

사지 말고 입양하세요!

라무는 1살이 넘어서 유기견 센터를 통해 입양했어요. 그래서 꼬물이 때의 라무 모습은 알 수가 없어 속상한 윤입니다. 보통 막 태어난 강아지들은 어미와 3개월 정도는 함께 지낸 후 입양하는 것이 면역력과 사회성 발달에 좋다고 해요. 생후 3개월까지는 야외활동을 비롯해 여러 가지를 조심해야 합니다.

쇼핑은 꼭 필요한 것만!

입양 전 사료, 간식, 식기, 방석, 배변판, 배변 패드, 하네스(가슴 줄), 목줄, 귀 세정제 등 폭풍 쇼핑을 했지요. 하지만 라무의 경우에는 배변은 꼭 밖에서 하고, 하네스 보다는 목줄을 좋아했어요. 저처럼 실수하지 않으시려면 욕심내지 마시고 <u>기본적인 필수품 외엔 강아지 성향을 파악 후 천천히 구매하길</u> 추천합니다.

궁금해요

#입양 시기 #준비물 #수면시간

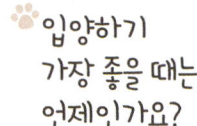

입양하기 가장 좋을 때는 언제인가요?

A 입양하는 강아지를 가족 구성원으로 받아들일 준비가 되었을 때죠. 마음의 준비 없이 입양한다는 것은 굉장히 무책임하니까요.

Q 마음의 준비도 되었다면 시기는 언제가 좋을까요?

A 굳이 시기를 정한다면 계절적으로 안전한 봄과 가을이 좋아요.

Q 봄과 가을… 좋은 계절이네요! 특별한 이유가 있나요?

A 계절적으로 날씨 차이가 심하면 스트레스로 인한 질환들이 찾아오는 경우가 많으니까 호흡기 증상과 소화기 증상이 덜 발생하는 안전한 계절이 좋겠죠.

입양을 준비하며 꼭 필요한 준비물이 있을까요?

A 첫 번째는 책임질 수 있는 마음가짐!
두 번째는 집과 사료, 배변 도구 같은 강아지를 위한 가장 기본적인 필수품! 세 번째는 강아지에 대한 기초적인 지식이죠.

Q 마음과 돈, 지식!

A 무엇을 먹이면 안 되는지, 예방접종의 시기 등 아플 때 어떻게 해야 할지 기본적인 지식이 필요해요.

Q 급할 때 인터넷에서 찾아봐도 될까요?

A 음… 되도록 자가 판단하지 마시고 병원으로 와주세요.

꼬물이들 수면시간은 얼마나 되나요?

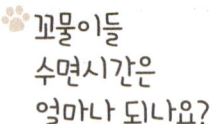

A 보통 어린 강아지는 하루에 20시간 전후로 잠을 자요. 성견은 12시간에서 14시간 정도 자고요.

Q 아, 커서도 오래 자니 크게 걱정할 일은 아니군요!

A 단, 몸이 아픈 경우에도 잠을 더 잘 수 있으니 평소 잠자는 시간을 체크하는 것이 중요해요.

Q 왜 이렇게 오래 자죠? 귀여운 것도 일이라 열일 해서 힘든 건가요?

A …네?

입양 카페에서 본 라무 사진

유기견 입양센터를 통해 라무와 처음 만났어요!
배변 문제로 두 번 파양되어 임시보호소까지 오게 된 라무.
강아지와 함께 산다는 것은 동물을 사랑하는 마음만으로 되는 것이 아니니 사전에 충분한 검토와 준비가 필요해요!

견종 이야기 1번째

비숑 프리제 *Bichon Frise*

- 고 향 : 프랑스, 벨기에
- 체 중 : 5~10kg (3~6kg)
- 크 기 : 소형
- 외 모 : 흰 솜사탕같은 외모
- 성 격 : 독립심이 강함, 감수성이 풍부, 영리함
- 운동량 : 보통
- 유의질병 : 백내장, 간질, 유전성 빈모증, 흥분 및 스트레스로 인한 떨림
- 색 상 : 흰색, 미색, 살구색
- 친화성 : 높음
- 털 빠짐 : 적음

지능도 높고 주인의 말과 행동을 잘 들어 여러 훈련이 가능한 영리한 개념이에요. 활발하고 독립심도 강해 혼자 집에서도 얌전히 잘 있지만, 사람을 좋아해 집 지키기에는 부적합하답니다. 폭신폭신 솜사탕 같은 털이 트레이드마크인 비숑의 털을 아름답게 유지하려면 매일 정성껏 털을 손질해주셔야합니다. 우아한 털 속에는 튼튼한 근육이 있지만, 살이 찌기 쉬운 편이니 자주 산책을 시켜주세요!

02 강아지 입양

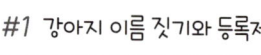

모두 반려동물 등록을 합시다!

개를 소유한 사람은 자신의 거주지를 담당하는 시장·군수·구청장이 지정한 동물등록대행기관(동물병원 등)을 개님과 함께 방문하여 등록해야 해요. **강아지의 경우 3개월령 이상부터 등록대상**이에요. (단, 등록대행기관이 없는 지역 및 일부 도서를 제외) **등록하지 않을 경우 과태료가 부과된다**고요. 자세한 내용은 농림축산검역본부 홈페이지 또는 거주하시는 곳의 시·군·구청에 문의하세요.

#2 강아지 예방접종

예방접종 하러 가요!

엄마 개에게 물려받은 면역력은 생후 약 45일 정도부터 약해진다고 해요. 예방접종 시작은 생후 6주부터 시작하여 생후 4개월 전에 예방접종으로 항체를 형성해줘요. 수의사의 지시에 따라 종합 백신, 코로나 장염, 켄넬코프, 광견병, 인플루엔자 등의 예방접종을 하고, 항체검사를 합니다. 접종한 날은 휴식이 필요하고, 목욕이나 외출, 운동은 2~3일이 지나서 하는 것이 좋아요. 더 자세한 내용은 전문가인 수의사 선생님께!

Part 1. 강아지 입양기   15

#등록 칩 #예방접종

강아지 등록 칩이 몸 안에서 움직인다는데 건강상의 문제가 없나요?

A. 걱정들을 많이 하시는데 결론적으로 말하면 부작용은 거의 없다고 할 수 있어요.

Q. 몸 안에 들어가는 건데… 혹시 칩이 불량이라던가 그러면 어떡하죠?

A. 부작용이 있긴 하지만 외국사례로 1만 건당 한 건으로 굉장히 미비한 수준이에요. 그 중 인식 불량을 제외하면 더 줄어들고요.

Q. 오오… 칩의 크기는 얼마나 되나요?

A. 기술발달로 크기가 8mm 이하로 더 작아져 부작용이 거의 없다고 볼 수 있어요.

Q. 칩이라고 해서 네모인 줄 알았는데 쌀알 크기에 모양이네요!

왜 매년 예방접종을 하고 항체검사를 해야 하나요?

A. 질병은 예방이 중요해요. 질병은 예고 없이 찾아오는 경우가 많지요. 특히 홍역이나 파보장염은 치사율도 높기 때문에 예방접종을 해야 합니다.

Q. 그러면 1년에 한 번씩 꼭 예방접종을 해야 하는 건가요?

A. 어떤 강아지는 항체가 오래 지속되고, 어떤 강아지는 1년도 안 되는 개체가 있기 때문에 될 수 있는대로 항체 검사를 한 후 예방접종 스케줄을 정해주는 게 좋아요.

Q. 건강수첩에 예방접종과 항체검사가 필수로 있던 게 다 이유가 있었네요!

매트의 1석 2조 효과
층간 소음 완화 + 미끄럼 방지로 관절 보호

마음껏 뛰놀 수 있는 마당이 있는 주택에서 반려견을 키우는 상상을 해봅니다만, 현실은 마당이 없는 곳에서 사는 분들이 많죠? 저와 라무도 빌라에 살고 있어요. 우리의 행복한 상상과는 다르게 밖에서 지내는 개들에게 위험 요소도 있어요. 벌레에 물리기도 하고, 위험한 이물질을 먹을 수도 있죠. 아파트나 빌라에서 지내더라도 매트 위에서 맘껏 뛰놀게 하고, 자주 산책을 하면서 개들을 잘 관찰한다면 행복한 생활이 될 수 있어요.

놀이방매트 (방음매트)

카페트

강아지용 매트

포메라니안 Pomeranian

- 고 향 : 독일
- 체 중 : 1.3~3.2kg
- 크 기 : 소형
- 외 모 : 주둥이가 짧고 뾰족한 얼굴, 공처럼 둥글고 풍성한 털
- 성 격 : 호기심 많고 작은 체구에 비해 대범한 성격
- 운동량 : 많음
- 유의 질병 : 골절, 무릎관절 탈구, 유루증
- 색 상 : 오렌지, 크림, 블랙, 블루
- 친화성 : 높음
- 털 빠짐 : 많음

아무지고 깜찍한 외모에 비해 대범한 성격을 가진 개념이에요. 애교도 많고 욕심도 많아 학습 의욕도 높지만, 뜻대로 되지 않으면 신경질을 부리기도 해요. 고집이 센 편이라 반복 훈련에는 쉽게 흥미를 잃으니 훈련시간은 짧게 집중 시켜주세요. 털이 많이 빠져 항상 빗질은 필수에요. 털을 밀면 풍성한 털이 서지 않을 수도 있으니 주의하세요. 다리 골격이 약해 어릴 때부터 뼈를 튼튼하게 해주는 칼슘 섭취에 신경 써주세요.

03
강아지 배변훈련 I

배변훈련은 마라톤 같아요.

처음부터 짠 하고 배변훈련에 성공하는 강아지는 아마 없을 거예요. 강아지가 배변훈련에 성공하는 횟수를 늘리는 것이 포인트! 성공했다면 바로 칭찬해주고 보상을 주는 것도 중요해요. 배변훈련 기간에는 시간을 많이 투자하면서 계속 강아지를 관찰해주세요.

배변은 깨끗하고 안정된 공간에서~

라무는 배변훈련 중에 베란다를 화장실로 쓰면서 자신의 공간으로 정했어요. 배변훈련 초기는 배변판과 배변 패드로 유도하면서 배변 공간을 처음 선택한 4~5군데에서 차츰 지정 자리로 줄여갈 수 있도록 도와주세요. 강아지가 깨끗하고 안정된 공간에서 배변 활동을 할 수 있도록 항상 청결을 유지하는 게 중요해요.

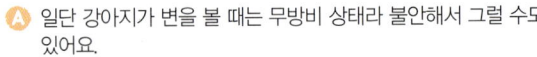

#배변판 #배변 유도제

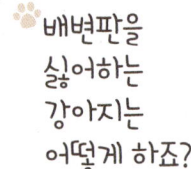 배변판을 싫어하는 강아지는 어떻게 하죠?

🅐 일단 강아지가 변을 볼 때는 무방비 상태라 불안해서 그럴 수도 있어요.

🅠 이렇게 든든한 집사가 지켜주는데요??!!

🅐 배변판 주위에 신문지나 패드를 넓게 깔아 준 뒤, 배변판에 볼일을 보면 폭풍 칭찬! 신문지 위면 무관심하게 변을 본 쪽으로 배변판을 옮겨 놓아주세요. 그리고 제일 중요한 건 성공 할 때까지의 인내심! 이에요.

🅠 인내와 끈기가 필수군요…

 배변 유도제 등은 효과가 있나요?

🅐 시중에서 판매되는 배변 유도제들은 테스트를 거쳐 판매되기 때문에 어느 정도 효과가 있다고 할 수 있지만 100%는 아니에요.

🅠 그러면 유도제로는 어떤 게 제일 좋을까요?

🅐 가장 좋은 배변 유도제는 자기 소변이에요. 소변을 배변판에 묻혀 준다면 자신의 화장실로 인식 할 거에요. 그리고…

🅠 그리고…?

🅐 좋은 배변 습관을 유지할 수 있도록 보호자의 인내와 끈기가 필요해요.

🅠 중요하니까 두 번 말씀하시는 거군요!

배변판과 배변 패드 종류

✓ 배변판의 장점은 소변이
발바닥에 묻지 않는다는 것.

✓ 배변판을 생략하고
배변 패드만 사용하기도 함.

기본형

1회용 배변패드:
편하지만 쓰레기와
돈이 문제!

서랍형

씻어 쓰는 배변 패드:
2개월에 한 번씩 교체

수컷용

신문지: 임시방편

견종 이야기
3번째

치와와 Chihuahua

- 고 향   멕시코
- 체 중   2.7kg 이하   크 기   초소형
- 외 모   커다란 귀, 쾌활한 표정, 작은 몸
- 성 격   용감하고 호기심이 강함
- 운동량   적음
- 유의 질병   골절, 무릎관절 탈구, 구개열, 지루성 피부염, 충치, 구내염, 유루증
- 색 상   황갈색, 청색, 초콜릿색, 검은색
- 친화성   보통   털 빠짐   보통

세계에서 몸집이 가장 작은 개념이에요. 몸집이 작고 산책이나 운동량도 적어 노년층과 바쁜 사람들도 키우기 편한 개념이랍니다. 치와와는 털이긴 장모(롱코트)와 짧은 단모(스무드코트) 두 종이 있는데 둘 다 추위에 약하기 때문에 날씨가 추워지면 보온용 옷을 입혀 주세요. 자신보다 서열이 낮다고 생각하면 짖거나 공격적인 모습을 보일 수 있으니 귀여운 외모에 어리광을 너무 받아주지 말고 교육해주세요.

04 강아지 잠자리

#1 같이 자요!

강아지마다 잠자리 습관이 달라요.

무리 동물인 개는 누군가와 어울려 생활하고, 함께 자는 걸 선호한대요. 그래서 혼자 잘 때 잠자리 옆에 시계를 두면 초침 소리가 심장 소리와 비슷해 안정감을 얻는다고 해요. 하지만 강아지마다 잠자리 습관도 모두 달라요. 라무는 제가 밤 늦게까지 일을 하고 있으면 옆에서 졸고 있다가도 제가 자러 들어가면 꼭 따라와 함께 잠을 자요.

#2 봄·여름·가을·겨울

잠자리가 바뀌면 이런 일도~

친정집에 가거나 여행을 가서 잠자리가 바뀌면 라무는 혼란스러워했던 것 같아요. 어디 가지 않고 옆에 꼭 붙어서 잠도 깊게 자지 못해 작은 소리에도 금방 깨곤 했답니다. 이럴 때는 평소 잠자리로 사용하던 쿠션을 꼭 챙기세요! 개님에게 안정감을 주어 좋다고 해요.

Part 1. 강아지 입양기

#개님과 동침 #잠자리 분리

반려견과 함께 자는 것은 괜찮나요?

A 괜찮지만 집사보다 아래나 뒤에서 쳐다볼 수 있는 공간에 따로 잠자리를 마련해 주는 것이 가장 좋습니다. 간혹 강아지 혼자 쉬고 싶을 수도 있으니 그때를 대비해 잠자리를 다른 장소에도 하나 더 만들어주는 것도 좋아요.

Q 침대 위에서 혼자 자고 있으면요?

A 그건 침대에서 나는 집사의 냄새가 친숙해 숙면을 취하는 걸 수도 있는데…

Q 그럴 때 엄청 귀여워서 막 이렇게 저렇게 뽀뽀를 해주고 싶…!

A 이때 귀엽다고 쓰다듬거나 네 자리가 아니라고 혼내면 버릇이 없어지거나 보호자에 대한 실망감으로 삐뚤어질 수도 있으니 그냥 무관심하게 놔두는 것이 가장 좋아요.

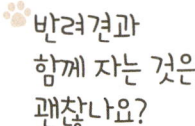

이미 함께 자던 반려견과 잠자리를 분리할 수 있을까요?

A 편안하고 안락한 잠자리를 따로 만들어 주는 방법이 있지요.

Q 새로운 잠자리를 마음에 들어 할까요?

A 그 자리로 가면 간식을 준다거나 칭찬을 해준다면 굉장히 즐거운 장소로 느낄 수 있을 거예요.

Q 역시 칭찬과 간식이 최고군요!

A 단 간식은 건강을 생각해서 너무 많이 주지 마세요…

라무의 잠자리 철학

라무에게 잠자리는 잠만 자는 곳이 아니에요.
간식 숨기기, 인형 괴롭히기, 먹방 등 좋아하는 활동을
하면서 놀기도 하고 감정을 표출하기도 해요.

반려견도 자신만의 공간이 필요하답니다. 맛있는 간식이 생겨도 안전한 공간을
찾아가서 먹고 낯선 소리나 사람이 오면 불안하다가도 자신만의 안식처로 가면
안정을 찾기도 해요.

말티즈 Maltese

- 고 향 이탈리아
- 체 중 2~3kg
- 크 기 소형
- 외 모 하얀털, 까만 포도같은 눈과 코
- 성 격 까다롭고 활달하며 사람을 좋아함
- 운동량 보통
- 유의질병 무릎관절 탈구, 눈병, 부정교합, 심장질환, 흥분 및 스트레스로 인한 떨림
- 색 상 흰색
- 친화성 높음
- 털 빠짐 보통

영리하고 사람과 친밀도가 높아 주인에게 충실한 개님이에요. 애정도, 질투도 많아 응석을 부리기도 한답니다. 새하얀 기품있는 털이 매력적이지만 눈물자국이 생기거나, 식후 지저분해진 입 주변을 깨끗하게 닦아 털이 갈색으로 변색되는 걸 주의해야 해요. 주인 곁에 조용히 지내고 싶어 해서 다양한 훈련에는 별로 흥미가 없어요. 사람의 마음을 치유하는 치료견일 만큼 처음 강아지를 키우는 초보 집사에게 알맞은 개님입니다.

05 강아지 첫 식사

강아지는 강아지용 사료를!

생후 1년 이하는 강아지(puppy)용 사료를 먹습니다. 젖을 뗀 직후엔 사료를 물에 불려 부드럽게 만들어 먹여요. 하지만 강아지마다 건강상태나 영양 상태가 다르니 사료를 선택하기 전 수의사 선생님과 상의해주세요. 특히 강아지(puppy)용 사료를 1년 정도 먹이는 이유는 성장 시기에 꼭 필요한 영양이 있기 때문이에요. 반대로 성견이 됐는데도 강아지(puppy)용 사료를 먹이면 고 열량이기 때문에 살이 찌기 쉽답니다.

이런 점은 더 주의하고 있어요!

가끔 쓰레기봉투를 뒤져 쓰레기를 먹거나 장난을 칠 때가 있습니다. 그래서 쓰레기봉투는 더 주의해서 두어야 해요. 양파, 초콜릿, 파, 포도 등 이외에도 마카다미아 등의 견과류, 마른 오징어, 문어, 쥐포 등의 술안주 그리고 우유나 아보카도도 강아지에게 좋지 않은 음식이라고 해요.

#강아지 사료 #사람 음식

강아지 사료 선택 시 주의 사항이 있을까요?

개님은 유년기, 성장기, 성년견, 노령견들이 먹는 사료가 달라요.

요즘은 All life stage라고 해서 어릴 때부터 성년까지 다 먹을 수 있는 사료들이 나오지만 단백질 함량과 칼로리양들이 조금씩 차이가 있으므로 연령대에 맞는 사료를 주는 것이 좋아요.

보통 1kg의 강아지는 200~250kcal가 필요하고 1kg 증가할 수록 50kcal 정도 더 필요해요. 사료마다 급여량이 적혀 있으니 참고하세요.

  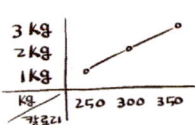

사료의 양을 결정할 때 기준점으로 잡고, 운동량이 많은 아이들을 이정도 주었는데 살이 빠지는 것 같다면 조금 더 주시고 운동량이 적은 아이들은 이 정도로도 살이 찔 수 있으니 상황을 봐서 조절해주는 것이 좋아요.

사람이 먹는 음식을 먹으면 안되나요?

Q 바로 보이는 증상은 없던데… 괜찮은 거 아닌가요??
A 아예 안 줄 수는 없겠지만 가급적 안주는 편이 좋아요.

Q 주면 너무 맛있게 먹어서요…
A 먹을 때는 맛있게 먹어도 위장에서 못 받아들여 질환으로 진행될 수도 있어요.

Q 표정도 간절하고…
A 간이 되어있는 음식에 입맛이 들면 나중에는 사료를 안 먹을 수도 있으니 주의해주세요.

Q 넵! 알겠습니다.

먹으면 안 되는 것들 더 알아보기

약품, 파 종류의 향미 채소, 관엽식물, 구근식물, 강산성의 세제 등 화학약품, 닭이나 큰 생선의 뼈, 자일리톨이 들어간 제품(설사나 비만의 원인)들입니다. 만약 먹으면 안 되는 것들을 먹었다면 우선 먼저 토하게 하고 병원으로 직행, 집과 가까운 24시간 동물병원을 미리 꼭 알아두세요.

날달걀 (환자는 어떤 상태도 먹이면 안좋아요.)

약품

강산성의 세제

구근식물

기성품으로 나온 말린 과일
(시중에 판매되는 말린 과일은 당이 추가되어 있어요.)

관엽식물

파 종류의 향미 채소

우유 및 유제품

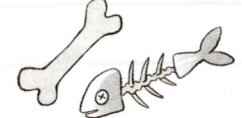
닭이나 큰 생선의 뼈

자일리톨이 들어간 제품

견종 이야기 5번째

푸들 Poodle

- 고 향: 프랑스
- 체중·크기: 소형 2~3kg / 중소형 3~6kg(6~20kg) 대형 20~27kg
- 외 모: 긴 주둥이, 곱슬곱슬한 양털같은 털
- 성 격: 자신감 넘치고 온순함. 침착함
- 운동량: 많음
- 유의질병: 무릎관절 탈구, 피부병, 유루증, 심장질환
- 색 상: 흰색, 갈색, 크림베이지, 검정색, 회색
- 친화성: 높음
- 털 빠짐: 적음

푸들은 몸의 크기에 따라 가장 큰 스탠다드, 중간크기 미디엄과 미니어쳐, 가장 작은 토이로 분리해요. 털갈이를 하지 않는 양처럼 곱슬곱슬한 털이 매력적이고, 잘 빠지지 않아 털 날림 걱정이 없답니다. 하지만 잘 엉키고 아래로 덮인 귓속에 털이 많아 귓병이 걸리기 쉬우니 늘 청결에 신경 써주세요. 지능이 높고 눈치가 빨라 즐겁게 훈련하는 게 가능해 초보 개 집사에게 알맞은 개념입니다. 가끔 미친 듯 우다다다 뛰기도 하는데 이 경우 운동량이 부족하거나 기분이 좋을 때 하는 행동이니 놀라지 마세요.

06 강아지 이갈이

#1 다 이유가 있어요

닥치는 대로 물어뜯는 시기가 있어요!

어린 강아지는 생후 3~6개월 기간에 신발, 책, 휴지, 인형, 빗 등 닥치는 대로 물어뜯고 다닐 수 있어요. 모든 인형이 뜯어지고, 가족들의 신발이 여러 켤레 망가지고 나서야 이갈이 시기가 끝날 수도 있지요. 성견이 되었을 때는 관심과 지루함으로 씹기와 물어뜯기를 하는 강아지도 있어요. 그럴 때는 강아지의 안전을 위해 교육이 필요해요.

#2 인형들의 비정상회담

이갈이 시기엔 이렇게~

강아지가 입에 물고 밀고 당기며 힘을 사용하는 터그 놀이를 추천해요. 예를 들면 두꺼운 헌 옷이나 두툼한 오븐 장갑을 물게 하고 함께 밀고 당기는 놀이는 간단하고 쉬운데 강아지가 좋아하는 놀이예요.

Part 1. 강아지 입양기

#이갈이 시기 #가구 습격

강아지 이갈이는 언제부터 언제까지 하나요?

A 생후 2~3개월부터 7~8개월까지 이갈이를 해요.

Q 이갈이를 할 때 집사가 유의할 점이 있을까요?

A 보통 성견은 42개의 치아를 갖는데 영구치가 안 나는 경우도 있고, 송곳니가 안쪽이나 앞으로 나는 경우가 있어 이갈이 시 영구치가 잘 나고 있는지 동물병원에서 주기적인 진찰이 필요해요.

Q 관심이 필요하군요! 그런데 유치가 보이지 않는 경우는 어떻게 하죠? 강아지가 먹어도 괜찮은가요?

A 유치는 사료를 먹다가 빠지기도 하고, 껌을 씹다가 빠지기도 해요. 만약 삼키더라도 변으로 배출되므로 걱정 안 하셔도 됩니다!

가구를 물어뜯는데 나무를 먹을까봐 걱정이 돼요.

A 가구를 물어뜯는 습관은 심각한 위험 상황으로 진행될 수도 있으니 피해야 해요.

Q 이미 가구를 물어뜯는걸 즐기고 있다면 어떻게 막아야 좋을까요??

A 시중에서 판매하는 제품 중에 쓴맛이 나는 고미제를 뿌려주는 방법이 있어요.

Q 맛 없게 만들어서 건드리지 못하게 하는 거군요.

A 다른 방법으로 페트병에 콩을 집어넣어 바닥을 치면 나는 소리로, 강아지가 가구를 물 때 나쁜 상황이 생긴다는 것을 인식시켜 줄 수도 있어요. 직접적으로 집사가 혼을 내면 관계가 나빠질 수 있으니 유의하세요.

강아지잖아요~

입양 후 1년 정도까지
라무는 작은 소리에도 예민하게 짖고,
휴지와 종이를 물어뜯고, 한동안 배변 실수를 했어요.
동물병원에 갈 때마다 수의사 선생님께
'우리 강아지가 이상해요~'라며 질문하기 바빴어요.
그때 가장 많이 들었던 이야기는 '이상하지 않아요, 강아지잖아요~'였어요.
그때부터 강아지는 사람과 어떤 점이 다른지,
우리 강아지는 어떤 성격과 특성을 가졌는지 계속 관찰하고 매일매일 알아가고 있어요.

견종 이야기 6번째

웰시 코기 Welsh Corgi

- 고 향 영국
- 체 중 13~17kg
- 크 기 중형
- 외 모 짧은 다리, 긴 주둥이와 허리
- 성 격 자신감 넘치고 친절함
- 운동량 많음
- 유의 질병 각막염, 결막염, 슬개골 탈구, 척추 디스크
- 색 상 흰색&갈색, 검정색, 회색, 적갈색 반점
- 친화성 보통
- 털 빠짐 보통

짧은 다리가 매력적인 이 개님은 양떼를 몰던 목양견인 만큼 행동도 빠르고 지능과 충성심이 높아 낯선 사람을 경계할 줄 아는 똑똑한 개님이에요. 웰시 코기는 카디건과 카디건 보다 크기가 작은 펨브로크(펨브록) 두 가지 변종이 있어요. 평소 온순한 웰시 코기는 무언가에 꽂히면 무척 집중하고 순간 흥분 상태가 되지만 곧 냉정을 되찾으니 걱정하지 마세요. 많은 운동량을 요구하기 때문에 운동과 산책은 필수랍니다. 다리가 짧고 허리가 길어 디스크에 걸릴 위험이 있으니 체중관리에 늘 신경 써주세요.

Part 1. 강아지 입양기 33

Part 2
개님 먹거리

01. 개님 주식
02. 개님 간식 I
03. 개님 간식 II
04. 개님 다이어트

01
개념 주식

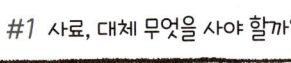

잘 맞는 사료를 찾아서!

저렴한 가격의 대용량 사료도 의심스럽지만, 비싼 사료라고 무조건 믿을 수는 없어요. 브랜드에서 제공하는 샘플 사료를 신청하거나 박람회 등을 통해 샘플을 받아 급여해보며 개념에게 맞는 사료를 찾아보길 추천해요.

#2 밥을 먹지 않는 개님

사료를 먹지 않는 이유는?

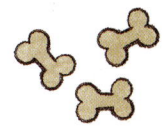

사료가 맛이 없나? 하는 생각을 먼저 하곤 하지만 많은 경우에는 식습관과 생활 방식의 문제 때문이기도 해요. 간식을 너무 많이 먹는 건 아닌지, 활동량은 충분한지, 스트레스는 없는지 확인해보는 것이 필요합니다.

Part 2. 개님 먹거리 37

#사료 선택 #자율급식 #수동급식

사료 선택에 있어 조언을 주신다면요?

A 일단 기호성이 중요해요. 하지만 기호성이 좋아도 <u>첨가물을 많이 넣는</u> 다던지 너무 튀긴 사료는 피하는 것이 좋아요. 인터넷 검색을 통해 사료 등급이 나와 있으니 참고하세요.

Q 각자 상황에 맞는 사료를 찾아서 급여해주는 것이 좋겠네요…

A 포장지의 귀여운 사진이나 화려한 문구에 속지 말고 꼭 내용을 확인하고 선택하세요!

사료를 바꿀 때 주의 사항이 있나요?

먼저 주던 사료와 바꾸고 싶은 사료를 <u>5:5로 섞은 다음 점차 새로 구입한 사료의 양을 늘려</u> 자연스럽게 바꿔주는 방법이 좋습니다.

자율급식과 수동급식의 장단점을 알려주세요.

통상 사춘기가 지나면 자율급식이 가능해지는 경우가 많아요. 이때 자연스럽게 자율급식으로 바꾸어 주면 됩니다. 식탐이 많은 어린 강아지일 때는 생후 한 달 이후부터 하루 3~4번 주다가 6~8개월 때에 하루에 2번으로 바꾸어 급식하면 됩니다.

✓ 자율급식이 좋은 개님
- 식분증이 있는 경우
- 식탐이 강해서 쓰레기통을 뒤지는 경우
- 음식 때문에 문제가 생기는 경우
- 공복 시간이 길면 헛구역질이나 토하는 경우

✓ 수동급식이 좋은 개님
- 평소에 잘 짖거나 변화에 예민한 경우
- 비만으로 다이어트가 필요한 경우
- 규칙적인 생활을 하는 경우

사료를 살 때 확인할 것들과 식수에 대한 궁금증

✓ 개 집사라면 누구나 '어떤 사료를 선택해야 할까' 고민하게 됩니다. 아마 100% 안전한 사료는 없겠지요.

유통기한
BEST IF USED BY ‥‥

사료를 살 때 확인할 것들

1) 회사
2) 원재료(원료 원산지)
3) 부산물 가루나 고기, 뼛가루가 들어 있는 사료는 아닌지
4) 사료 성분표 꼼꼼히 확인
5) 제조국가(동물보호법이 발달한 국가 제품)
6) USDA(미국 농무부)나 FDA(미국 식품 의약국)의 조리 허가를 받은 장소에서 만들었는지
7) 제조 연월 혹은 유통기한 확인
8) 유기농일 경우 유기농 인증 확인

✓ 식수로 수돗물 괜찮은가요???

수돗물이 된다 안 된다 라기 보다는 지역에 따라 다를 것 같습니다. 또한, 오래된 주택이나 빌라 같은 곳이면 낡은 수도관으로 인한 오염이 있을 수 있으니 조심해야 합니다. 무엇보다 중요한 건 자주 깨끗한 물로 갈아 주는 게 중요합니다. 특히 여름에는 더욱 신경 써주세요.

개님이 물 마시는 방식하고 맞지 않는 식기에요!!

견종 이야기

7번째

불도그 Bulldog

🐾 고 향	영국			
🐾 체 중	23~25kg	🐾 크 기	중형
🐾 외 모	짧은 다리와 납작한 코, 튀어나온 아래턱			
🐾 성 격	온순하고 침착함			
🐾 운동량	적음			
🐾 유의 질병	각막염, 결막염, 눈병, 안구 돌출, 백내장, 피부병, 호흡기 질환, 난청			
🐾 색 상	흰색&황갈색, 흰색&붉은색, 흰색&검은색			
🐾 친화성	높음	🐾 털 빠짐	많음

센 인상을 하고 있지만 침착하고 영리하며, 어리광이 많아 주인의 애정을 갈구하는 개님 이에요. 외형에서 느낄 수 있듯이 몸을 움직이는 걸 귀찮아해 비만과 건강에 신경 써 줘야 해요. 산책이나 외출 시에는 더위와 추위에 약하기 때문에 날씨 변화에 주의해주세요. 털이 짧은 불도그는 천연모 브러시로 털을 관리해주고, 얼굴의 주름은 사이사이 닦아 청결을 유지해주세요. 위로 벌어진 코 때문에 잠을 잘 때 코를 골아 코 고는 소리를 자주 들을 수 있답니다.

02 개님 간식 I

#1 위험한 간식 세계

갈비뼈가 분명 있었는데?

온몸이 가려워요!!

간식은 필요 없다?!

충격!

안 줄 수도 없는 간식! 하지만 간식보다 영양소가 풍부한 사료를 충분히 주는 것이 좋아요. 주식 사료 말고 다른 특별한 맛, 식감, 형태 등의 사료를 간식인 것처럼 급여하는 방법이 있지요. 간식을 많이 먹고 비만, 각종 피부병, 소화불량 등의 문제가 생기기도 하니 원산지나 원재료를 꼼꼼히 살피고 구매해주세요.

칭찬과 보상에 필요한 간식.

하지만 독이 되기도 해요.

애증의 간식! 너를 사랑하는 것이 이렇게 아프구나...

간식, 너 나에게 무슨 짓을 한 거야?

간식 만들기는 선택!

사람은 다양한 식재료의 음식을 즐기지만, 개님에게 여러 종류의 식재료가 오히려 건강을 해치는 원인이 되기도 해요. 간식 만들기는 신중하게 해주세요. 견종에 맞게 유해 점을 따져보고 수의사 선생님과 상담해 보는 방법도 있답니다.

✦ 만든 간식은 날짜를 적어두고, 보관에 유의해주세요. ✦

Part 2. 개님 먹거리

궁금해요

#간식 재료 #알레르기 원인

안전한 간식 재료로 어떤 게 있을까요?

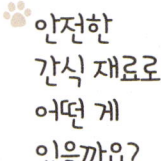

A 개님마다 각각 차이가 있기 때문에 하나씩 급여해 보고 맞는 간식을 찾는 것도 방법이에요.

Q 처음 간식을 줄 때 어떻게 해야 맞는 간식인지 테스트를 해볼 수 있나요?

A 어떤 개님은 닭고기에 어떤 개님은 돼지고기에 알레르기가 있을 수 있으니 한 가지를 급여 해보고 6시간이 지나도 괜찮다면 안전하다고 할 수 있어요.

Q 오~ 간식도 아무거나 함부로 주면 안 되겠네요.

A 원래 개님에게 아무거나 주면 안 되요…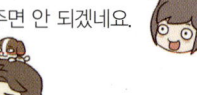

식이성 알레르기 원인은 사료인가요?

A 알레르기나 아토피 증상으로 고생하는 개님들이 많죠. 눈 주위 털이 빠지거나 귀를 긁거나…

Q 역시 사료를 바꿔야 하는 걸까요?

A 개님에 맞춰 사료를 준비하는 것도 중요하지만 아토피 증상의 20% 정도만 식이성이고 그 외 70~80%는 식이 외적인 것이므로 다른 이유를 찾아내는 것도 중요해요.

Q 외적인 것은 어떤 게 있나요?

A 일반적으로 아토피 증상을 가지고 있는 개들의 80%는 집먼지진드기에 알레르기 반응을 일으키므로 외부 기생충 구제도 중요하다고 할 수 있어요!

Q 아하! 기생충 구제 필수!

간식으로 생길 수 있는 트러블

맛있는 걸 먹는 기쁨을 반려견과도 함께하고 싶을 때가 많죠. 하지만 지나친 간식으로 식습관을 헤치게 되면 반려견 건강에 문제가 됩니다. 동물단백질이 주재료인 반려견 사료로 충분한 영양을 공급할 수 있으니 간식에 대한 큰 부담은 갖지 맙시다. 피부 트러블, 탈모 등 식이성 알레르기가 의심된다면 빨리 수의사 선생님께 상담을 받도록 하세요!

알레르기

비만

주식거부

부분 탈모

소화불량

견종 이야기 8번째

셰틀랜드 쉽독 Shetland Sheepdog

고 향	영국
체 중	8~12kg
크 기	중형
외 모	긴 주둥이, 콜리를 닮음
성 격	친밀하고 충성심 높음
운동량	많음
유의질병	다발성 관절염, 각막염, 결막염, 간질
색 상	흰색&검은색, 흰색&갈색
친화성	보통
털 빠짐	많음

얌전하고 내향적인 성격을 가진 셰틀랜드 쉽독은 마치 콜리를 축소한 거 같지만 콜리와는 다른 품종이에요. 지능도 높고 온순하며 충성심도 높아 훌륭한 반려견, 경비견이 될 수 있는 멋진 개념이랍니다. 단 충성심이 높은 만큼 작은 소리에 민감해 헛짖음이 있어 훈련을 통해 교육을 시켜두는 것이 좋아요. 머리가 좋은 만큼 훈련 시 일관성이 없거나 모호한 지시를 내리면 혼란스러워 하므로 똑똑한 셰틀랜드 쉽독만큼 주인도 진지하게 훈련에 임해주세요.

03
개념 간식 II

#1 도전! 말린 간식 만들기 -닭가슴살

1) 닭가슴살을 흐르는 물에 씻는다.

2) 식초를 희석한 물에 15분 담가 소독

3) 우유에 10분 담가 잡내를 제거

간식 모양은 되도록이면 길게!

간식을 만들 때 형태도 중요해요. 개님이 잡고 먹을 수 있는 길쭉한 형태가 좋습니다. 간식이 짧거나 너무 작게 만들면 씹지 않고 삼켜버릴 수 있으니 주의하세요.

4) 물기 제거 후 길게 자른다.
   (건조 후에는 크기가 줄어드니 크고 두툼하게!)

5) 건조기에 넣기 전 파슬리 가루를 솔솔 뿌려준다.(생략 가능)

※ 7~8시간 건조

#2 도전! 간식 만들기 -동태포 & 과일

1) 염분 제거를 위해 물에 동태포를 1~2시간 담가 둔다.(또는 끓는 물에 살짝 데쳐 염분을 뺀다.)

주의해주세요!

말린 과일은 당분이 많기 때문에 너무 많이 급여하는 것은 좋지 않아요. 참! 바나나는 칼륨 성분이 많기 때문에 신부전이 있는 강아지는 안 먹이는 것이 좋습니다.

2) 한 번 급여할 만큼 비닐로 구분하여 냉동 보관한다.

3) 먹을 때마다 꺼내 코코넛 오일에 굽는다.

1) 중심 부분에 손가락을 넣고 밀어 3등분 한다.

2) 사과를 깨끗히 씻어 껍질째 두툼히 자른다.

※ 65~70도에서 10~12시간 건조한다.

Part 2. 개님 먹거리

03
개념 간식 II

#3 도전! 여름 보양식 만들기

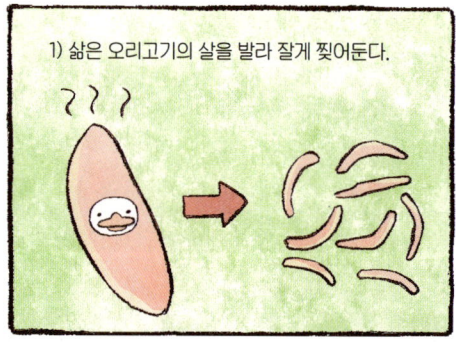

1) 삶은 오리고기의 살을 발라 잘게 찢어둔다.

2) 얼음 트레이에 국물을 붓고 발라둔 살점을 골고루 넣는다.

◉ 재료 손질

1) 오리고기를 흐르는 물에 씻는다.
2) 식초를 희석한 물에 15분 담가 소독한다.
3) 냄비에 물을 자작하게 붓고 삶는다.
4) 냄비가 끓으면 물을 버리고 새 물을 붓는다.
5) 청주를 조금 넣고 다시 푹 끓인다.

3) 냉동실에 얼린다.

얼음을 먹을 줄 아는 개님이라면?
더운 날 얼음 1개씩 급여

보양식 스타일로 주고 싶다면?
2~3개를 꺼내 전자레인지에 해동하여 급여

#4 상비 간식 만들기

1) 깨끗하게 씻은 고구마와 단호박을 냄비에 넣고 삶는다.

고구마, 단호박 말랭이는 덤!

고구마와 단호박은 말린 간식으로도 활용할 수 있어요. 앞에서 만들었던 말린 간식처럼 길쭉하고 두툼하게 잘라 건조기에 말리면 끝! 대신 살짝 덜 익혀야 더욱 맛있는 고구마 말랭이를 만들 수 있어요.

2) 식은 고구마와 단호박을 작게 나눈다.

3) 한 번에 급여할 양으로 나눠 봉투에 담아 냉동실에 보관한다.

4) 급여할 양만큼 꺼내 전자레인지에 해동한다.

Part 2. 개념 먹거리   47

#기성품 간식 #뼈 간식

🐾 시중에 파는 간식에서 버터나 단맛이 나던데 괜찮은 건가요?

Ⓐ 역시 개님들은 버터같이 고소한 냄새나 단맛에 쉽게 반응을 보이긴 하죠.

Ⓠ 가끔 저도 당기는 맛있는 냄새가 나는 것들도 있더라고요…

Ⓐ 식이성 알레르기가 생기지 않는다면 일정량을 주시는 것도 나쁘지 않아요.

Ⓠ 오오! 그러면 괜찮은 건가요?

Ⓐ 단 간식을 많이 먹게 되면 주식인 사료를 먹지 않아 영양결핍이나 비만이 올 수 있으니 주의해주세요.

Ⓠ 그럼 제가 대신 먹어도… 아니 못들은 걸로 해주세요.

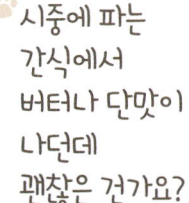

🐾 뼈 간식을 먹으면 개님 똥이 돌덩이가 되던데요?

Ⓐ 일반적으로 칼슘이 많이 들어간 음식을 먹으면 변비가 오거나 변이 딱딱해지는 경우가 많아요.

Ⓠ 으… 그럴 때마다 걱정이에요.

Ⓐ 한 번 변비가 생기면 반복될 수 있으니 주의해주세요.

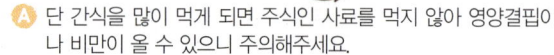

다양한 수제 간식

첫 도전 수제 간식!

러무가 사랑하는 동태 지겅이~

시중에는 캥거루 목뼈, 상어 연골, 돼지 귀 등 다양한 종류의 간식을 만들 수 있는 생물 재료들을 판매하기도 해요. 그 밖에도 율무나 옥수수 등을 소다를 넣지 않고 뻥튀기한 간식은 개님에게 재미있는 놀이 간식이 될 수 있어요.

율무 뻥튀기

상어 연골

상어 껍질

견종 이야기 9번째

시바견 Shiba Inu

- 고 향 일본
- 체 중 9~14kg
- 크 기 중형
- 외 모 쫑긋한 귀, 동글게 말려 등에 붙은 꼬리
- 성 격 독립성 강함, 활발하며 충성심 높음
- 운동량 많음
- 유의질병 지루성 피부염, 음식 알레르기
- 색 상 붉은색, 검은색, 갈색, 흑갈색
- 친화성 낮음
- 털 빠짐 많음

조용하고 충성심 높은 시바견은 독립적이고 깔끔한 성격에 경계심이 많아 낯선 사람에게 주인을 지킬 줄 아는 경비견으로 훌륭한 개님이에요. 귀소본능이 강한 만큼 영리하기도 해요. 털갈이와 털날림이 심해 털 관리를 부지런히 해줘야 하고, 활동성이 어마어마하게 많기 때문에 운동과 산책을 통해 늘 신경 써줘야 해요. 공격성이 강해 다른 개님들과 마주쳤을 때 주의하고, 잘 통제해줘야 하는 것도 잊지 마세요.

04 개님 다이어트

개님마다 비만 기준이 달라요

라무는 다리가 길고 얇은 편이라 조금만 방심하면 관절에 무리가 갈 수 있는 체형이에요. 수의사 선생님이 갈비뼈 부분을 만져보면서 비만도를 체크하라고 조언해주셨어요. 개님마다 비만 기준이 다르니 꼭! 상담을 받아보세요.

운동보다 식사량 조절!

적당한 운동은 필요하지만, 무리하게 운동을 하면 관절이나 폐에 무리가 생겨 건강을 해치는 경우가 있어요. 다이어트가 필요한 반려견은 사료의 양을 줄이거나, 다이어트용 사료로 식사량을 조절하는 것이 꼭 필요합니다.

궁금해요

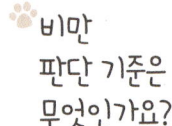

#비만 여부 #비만 위험성

비만 판단 기준은 무엇인가요?

Q 개냥마다 체형도 몸무게도 다른데 비만은 어떻게 판단해야 할까요?

A 늑골이 심하게 만져지면 많이 마른 것이고, 늑골이 살짝 보이고 부드럽게 만져지면 이상적인 상태예요. 만약 만져지지 않는다면 심한 비만이에요.

위에서 보았을 때 척추가 돌출되어있다면 마른 것이라고 볼 수 있고, 척추가 살짝 만져진다면 정상으로 봐요.

비만견에게 오는 위험은 무엇인가요?

A 비만은 사람이나 동물이나 질환을 부르는 위험한 요인이에요.

Q 사람이나 개냥이나 비만은 위험하군요…

A 간이나 신장은 최소 70% 이상 망가져야지 임상적으로 증상이 나타나므로 처음부터 관리를 잘하는 것이 중요해요.

Q 개냥들은 아파도 표현을 잘 안 하니 걱정이네요…

A 아픈 내색을 하면 서열에서 밀려 도태될 수 있다는 두려움 때문에 표현을 안 할 수도 있어요.

Q 아이고 왜 그런 걱정을 하는지…

A 그래서 주기적인 건강검진을 통해 미리 예방하는 것이 무엇보다 중요합니다.

비만으로 인해 생길 수 있는 질병들

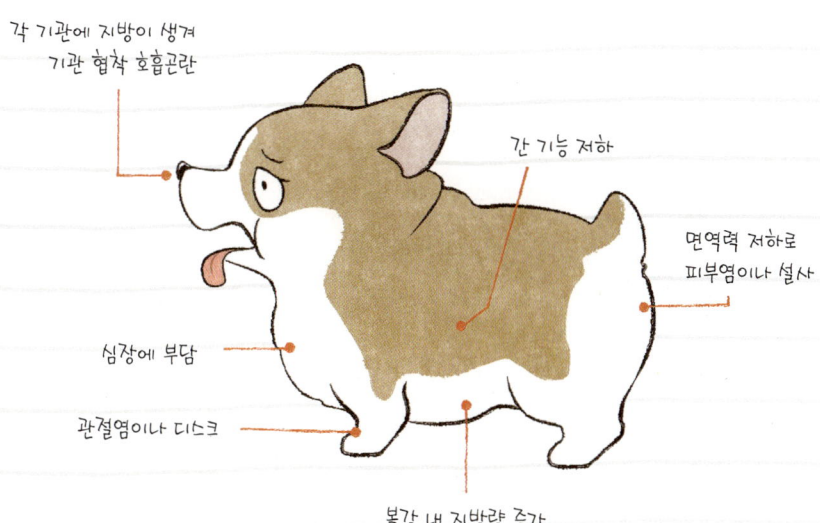

각 기관에 지방이 생겨
기관 협착 호흡곤란

간 기능 저하

면역력 저하로
피부염이나 설사

심장에 부담

관절염이나 디스크

복강 내 지방량 증가
수술 부담

사모예드 Samoyed

- 🐾 고　향　러시아
- 🐾 체　중　25~30kg
- 🐾 크　기　중형
- 🐾 외　모　복실한 하얀 털, 웃는듯한 얼굴
- 🐾 성　격　총명함, 친화력 높고 사람을 좋아함
- 🐾 운동량　많음
- 🐾 유의질병　피부염, 고관절 형성부전, 백내장
- 🐾 색　상　흰색
- 🐾 친화성　높음
- 🐾 털 빠짐　많음

커다란 외형에 새하얀 털이 푸근해 보이는 평화주의자 개님이에요. 추운 러시아 시베리아 지방의 개님인 만큼 추위에 강하지만 더위에는 약하답니다. 사람을 너무 좋아해서 낯선 이에게도 경계심 없이 다가가는 경우도 종종 있어 집을 지키는 경비견으로는 부적합한 개님이에요. 매력적인 새하얀 털은 다른 견종에 비교해 길고 엉키기 쉬워 늘 빗질로 털을 관리해 윤기 있고 멋진 모습을 유지해주세요. 참고로 털이 매우 많이 빠진답니다. 매우……

Part 3
개님의 일상

01. 개님 배변훈련 Ⅱ
02. 개님 본능
03. 개님 놀이
04. 개님 혼자 있기
05. 분리불안
06. 식분증

01
개님 배변훈련 II

배변 활동은 다양한 신호!

개님의 배변 활동을 관찰하면 스트레스의 유무나 개님의 건강 상태를 알 수 있어요. 별다른 원인을 찾지 못한 실수가 있거나, 대소변의 색이나 묽기 등이 평소와 다른 모습이라면 수의사에게 바로 문의해주세요.

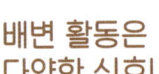

#1 라무호의 진실

#2 개님 마음 이해하기

실수는 자연스러운 것~

배변을 잘 가리던 개님이 실수하면 당황하며 문제가 있나 걱정하게 됩니다. 하지만 특별한 원인이 없더라도 실수를 할 수 있어요. 사람도 가끔 실수를 하듯 개님도 실수할 수 있다는 것도 알아주세요.

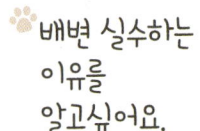

#배변 실수 #배변 실수 대처 방법

배변 실수하는 이유를 알고싶어요.

Q 배변을 잘 가리던 개냥이 실수를 하는 이유는 왜일까요?

A 집사에게 뭔가를 표현하기 위해서 하는 행동인 경우도 있어요.

Q 개냥이들은 표현을 그렇게 하기도 하는군요…

A 관심을 가져달라거나 욕구불만일 때, 스트레스나 공포상황에서도 아무렇게 변을 보기도 하죠.

Q 으… 아플 때랑 뭔가 필요할 때 개냥이가 말을 할 수 있었으면 좋겠어요.

배변 실수 때 대처 방법이 있을까요?

A 실수를 했을 때 무조건 혼내는 것은 더 큰 재앙을 부를 수 있으니 절대 금물입니다.

Q 혼내지 않는 것도 중요하지만 뭔가 행동으로 할 수 있는 것은 없을까요?

A 무관심한 척 치우거나 배변판 위로 변을 옮겨놓는 것도 좋은 방법이에요. 그리고 다시 정상적으로 배변을 했을 때 폭풍 칭찬을 해주는 것이 중요해요.

Q 칭찬은 개냥이에게 힘을 주는군요!

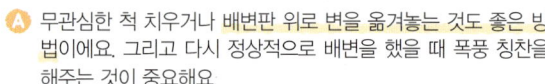

실내 + 실외 배변 활동 시 모두 칭찬하기 🐾

실외서 배변하는 것만 칭찬하고 실내에서 배변 활동 하는 것을 혼내거나 칭찬하지 않으면 주인이 자신이 실내에서 배변하는 것을 싫어한다고 이해하고 어느 순간부터 실내에서는 아예 배변 활동을 안 하는 경우가 생겨요. 이런 경우 비나 눈이 와도 배변을 위해 밖으로 나가야 하거나, 개님 배변 활동 때문에 집사는 장시간 외출이 어려워질 수 있으니 꼭 실내, 실외 모두 배변이 가능하도록 유도해주세요!

견종 이야기 11번째

골든 리트리버 Golden Retriever

- 고 향   영국
- 체 중   27~35kg
- 크 기   대형
- 외 모   황금색 털, 긴 귀와 꼬리
- 성 격   친화적이고 애정이 깊음
- 운동량 많음
- 유의질병 관절염, 탈모, 피부염, 백내장
- 색 상   황금색
- 친화성 높음
- 털 빠짐 많음

골든 리트리버는 이름처럼 화사한 황금빛 털이 멋진 개님이랍니다. 다정하고 부드러운 느낌을 주는 외형처럼 밝고 온순한 성격에 지능도 높아 사람들과 잘 어울려 시각장애인 안내견으로 활약하는 대표적인 개님이기도 해요. 푸근하고 좋은 이미지의 개님이라고 무방비 상태에서 접근하다 사고가 나는 경우도 종종 있어요. 아무리 착한 개님이라도 주변의 갑작스러운 행동은 사고로 이어질 수 있으니 조심하세요. 늘 충분한 운동과 관심으로 개님의 스트레스를 풀어 주는 것도 잊지 마시고요.

Part 3. 개님의 일상

02 개님 본능

나를 알아두시게 집사!

반려견과 행복한 일상을 보내려면 서로를 알아가는 것이 무엇보다 중요해요. 개님은 안전한 곳에서 주인과 함께 지내고 싶어 하면서도 야외에 나가 다양한 냄새를 맡고, 산책하고, 다른 개님을 만나고 싶어 하는 본능이 있어요. 참! 개들끼리 똥꼬 냄새 맡는 것은 인사이니 민망해하지도 혼내지도 맙시다!

몸으로 표현하는 개님 언어에 집중!

우리가 생각하는 것 이상으로 반려견들은 몸으로 많은 표현을 해요. 자신의 생존과 관련된 위험, 경계, 경고의 메시지부터 긍정의 표현까지 다양해요. 반려견의 표정, 몸과 꼬리의 움직임 등의 언어를 미리 알고 있으면 좀 더 깊은 소통을 할 수 있을 거예요.

궁금해요

#개님 본능 #카밍시그널

사람들이 오해하는 개님 본능이 있나요?

A 역시… 서열이겠죠.

Q 앗, 지금까지 개님과 문제 없이 지내고 있는데 서열을 생각하고 있었다니… 충격!

A 개님들이 통증표현을 잘 안 하는 경우도 서열과 관련된 부분으로 표현을 하면 서열에서 뒤쳐진다고 생각하여 웬만하면 표현을 안 하는 거예요.

Q 개님이 무슨 생각을 하고 있는지 알고 싶네요…

A 사실 항상 개님은 서열을 생각하고 있다고 보면 되죠.

대표적인 카밍시그널을 소개해주세요.

불안함을 느꼈을 때의 카밍시그널입니다.

불안함과 불편함 표현 | 불안, 스트레스, 긴장완화를 위한 의도 | 불안, 스트레스, 긴장완화를 위한 의도 | 불안함과 공포심 표현

대표적으로 집사들이 오해하는 카밍시그널이 있을까요?

개님들은 꼬리의 표현이 수십 가지나 되지만 집사들은 꼬리를 흔들면 무조건 반갑고, 즐거운 줄 알고 있는 경우도 하나의 예일 수 있죠. 또 다른 예를 들면.

집사의 오해
- ✓ 배가 고프거나 목이 마르다고 이해
- ✓ 사납다고 이해
- ✓ 졸립다고 이해

바른 해석
- ✓ 놀아달라는 관심 표현과 긴장을 스스로 완하시키는 표현
- ✓ 흥분하거나, 심심해서 등의 의사표현, 또는 겁이 나서 하는 경우도 있음
- ✓ 공포감과 두려움을 느낄 때 표현하거나 스트레스가 있어 하는 경우도 있음

대표적인 카밍시그널

✓ 자연적이고, 생리적인 현상 외에 아래와 같은 행동이 반복된다면 개님이 우리에게 보내는 신호에요.

불안함, 불편함 표현

화남

호기심

사랑해, ~해주세요 (요청)

눈 피하기는 불안, 회피 표현

개님은 사람과 함께 만 오천 년 이상 인간과 함께 지내왔습니다. 개님들이 우리의 눈빛, 몸짓, 표정에 민감하게 알아채는 만큼 우리는 개님들이 보내는 신호를 제대로 알고 있을까요?

애정 표현

스트레스, 불안, 긴장완화

스트레스

놀아주세요, 당신이 좋아요

스트레스

견종 이야기 12번째

퍼그 Pug

- 고 향: 중국
- 체 중: 6~8kg
- 크 기: 소형
- 외 모: 땅딸한 체형, 놀라 튀어나온 듯한 눈, 주름진 얼굴
- 성 격: 주인을 잘 따르고 다정함. 인내심이 강함
- 운동량: 보통
- 유의질병: 급성 기관지염, 폐렴, 피부병, 각막염, 결막염, 안구 돌출, 비만
- 색 상: 은색, 살구색, 황갈색, 검은색
- 친화성: 보통
- 털빠짐: 많음

불도그와 같은 납작한 코와 주름을 가진 퍼그는 사람을 잘 따르고 애교도 많은 밝은 성격의 개님이에요. 감정표현도 다양해 보면 볼수록 매력적이랍니다. 짧으면서도 부드러운 털을 가진 퍼그는 온도변화에 따른 적응력은 떨어져 특히 더위로 인한 열사병을 주의해주셔야 해요. 학습능력이 떨어지는 것은 아니지만 훈련하기에는 쉽지 않아 반복훈련이 필요합니다. 먹는 것을 좋아해 살찌기 쉬운 체질이니 비만에 늘 신경 써주세요.

Part 3. 개님의 일상

03
개념 놀이

#1 킁킁 보물찾기, 노즈워크

야외에서도 노즈워크를!

시중에 판매하는 실내용 노즈워크 담요를 사는 것도 좋지만, 산책 시 야외에서 노즈워크 놀이를 하는 것도 좋아요. 사료 알갱이를 바닥에 뿌려 찾아 먹게 하거나, 간식을 낙엽 아래, 돌 사이 등에 숨겨 찾아보게 하는 방법이 있습니다. 노즈워크는 흥분을 줄이고 스트레스 해소에도 좋다고 해요.

#2 밀당의 고수, 터그놀이

겨울에 더 좋은 터그(tug)놀이

눈이 많이 왔거나, 날이 너무 추운 겨울에는 산책하기 힘들어요. 특히 눈을 녹이기 위해 길에 뿌리는 염화칼슘은 개님 발바닥에 화상을 입히거나 다치게 할 수 있습니다. 이때 아이들은 발바닥이 타는 듯한 고통을 느낀다고 해요. 그래서 이런 날에는 장난감을 잡고 밀고 당기는 터그놀이가 꽤 유용해요. 당장 장난감이 없다면 헌 옷으로 매듭을 묶어 간단히 만들어주세요. 운동도 되고 집중력에도 도움이 돼요.

#노즈워크 #터그놀이

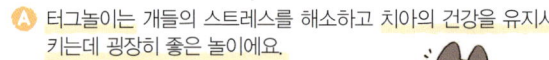

노즈워크, 터그놀이에도 주의점이 있을까요?

A 터그놀이는 개들의 스트레스를 해소하고 치아의 건강을 유지시키는데 굉장히 좋은 놀이에요.

Q 오! 그러면 이렇게 계속 놀아주면 되겠네요!

A 하지만 터그놀이 시 30분 정도 시간을 정하고 놀아 주는 것이 좋아요. 노즈워크는 충분한 시간을 주는 것이 좋고요.

Q 둘 다 헝겊과 실이 많이 들어가는데 주의해야 할 점이 있을까요?

A 위생 부분과 심하게 놀다가 헝겊과 실을 먹지 않도록 하는 정도면 될 거 같네요.

다양한 개님 놀이 방법

터그놀이 : 로프형 장난감, 손인형 등

노즈워크 : 집 안 곳곳에 간식 숨겨두기.

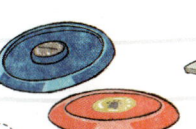

원반 던지기(프리스비) : 달리거나 점프로 상당한 양의 운동을 하게 되는 강아지 스포츠. 단 '가져와' 훈련이 되어있는 상태여야 함.

불빛 쫓기 : 빛에 반응한다기 보다 움직임에 반응하는 것인 만큼 진짜 무언가 움직이는 것과 같은 속도로 불빛을 비춰주는 것이 중요.

레이저펜

공놀이 : 공을 가지고 왔을 때 뺏으려고 하면 주지 않음. 개님이 스스로 내려 놓을 때까지 기다려 주는 것이 중요.

간식 찾기 : 종이컵 3개 중에 하나에 간식을 넣고 찾기 놀이

견종 이야기 13번째

베들링턴 테리어 *Bedlington Terrier*

- 고 향 : 영국
- 체 중 : 7~10kg
- 크 기 : 중형
- 외 모 : 긴 주둥이, 곱슬곱슬한 양털 같은 털
- 성 격 : 참을성 많고 활기 넘침
- 운동량 : 많음
- 유의 질병 : 신장 질환, 망막 위축증, 백내장, 갑상선 기능 저하
- 색 상 : 엷은 청색, 엷은 갈색 등
- 친화성 : 보통
- 털 빠짐 : 적음

붐 마이크가 생각나는 스타일이 독특한 베들링턴 테리어는 노는 걸 좋아하고 활기가 넘치는 개님이에요. 참을성도 많고 관대하지만 낯선 사람에게는 공격적이고 다른 개들과도 부딪히는 경우가 있기 때문에 늘 주의해주셔야 해요. 어릴 때 사회화 훈련을 한다면 많은 도움이 될 거예요. 지능도 높지만 반면 고집도 세 일단 한번 마음먹은 일에는 양보하지 않아 통제하기 힘들어 훈련이 쉽지 않으니 애정을 담아 끈기 있게 훈련해주세요.

04 개님 혼자 있기

주인이 반드시 돌아온다는 믿음!

혼자 있을 때 반려견은 불안하고 흥분된 마음을 짖거나 흐느끼며 하울링으로 표현하기도 해요. 잠시 혼자 있더라도 기다리면 주인이 온다는 믿음을 주는 것도 중요합니다. 긴 외출 전 1분, 3분, 5분 등으로 점차 시간을 늘려가며 짧게 예행연습을 미리 하는 게 중요해요.

#1 예행연습

#2 라무의 이중생활

여름에 주의할 점!

대체로 개님은 추위보다 더위에 약해요. 더운 여름에 오랜 시간 혼자 있으면 위험할 수 있으니 외출하실 때 쿨매트, 얼음팩 등을 수건에 감싸주고 통풍에 신경 써주세요.

궁금해요

#혼자 있기 #나 홀로 단식

> 개님을 혼자 둘 때 주의할 점을 알려주세요.

A 혼자 있더라도 외롭지 않고 편안한 느낌이 들게끔 해주는 것이 중요해요.

Q 개님에 맞춰 여러 가지 방법을 이용해 봐야겠네요…

A 계절에 따라 여름에는 덥지 않도록, 겨울에는 춥지 않도록 신경 써 주는 것도 잊으시면 안돼요.

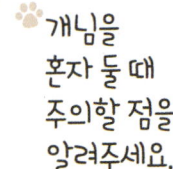

> 혼자 있으면 밥을 안 먹는 개님은 어떻게 하나요?

A 최소 나의 개님에게 밥 주는 시간과 산책 시간은 짬을 내서라도 지켜주는 게 좋아요.

Q 더욱 혼자 두는 게 미안해지네요…

여름에 해주면 좋은 것들

✓ 견종에 따라 더위에 더 취약할 수 있으니 나의 반려견이 어떤 체형인지 먼저 알아보는 것이 중요합니다.

쿨 방석
쿨 매트 Cool
대리석
얼음팩
매시 침대
타이머 콘센트 Mini
소형 선풍기

정해진 시간에 켜졌다가 꺼졌다가 조정 할 수 있어 안심하고 사용 할 수 있어요.

외출할 때 해주면 좋은 것들

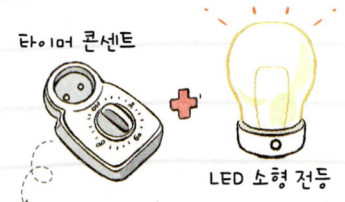

타이머 콘센트
LED 소형 전등

저녁 시간까지 외출이 길어진다면 늦은 밤 혼자 있을 개님을 위해 정해진 시간에 켜질 수 있도록 해주세요.

라디오 작게 틀어주기

혼자 있을 때 적막함은 개님을 더욱 외롭게 만들 수 있어요. 하지만 개님 청력은 사람보다 높으니 볼륨은 작게 해주세요.

견종 이야기
14번째

닥스훈트 Dachshund

- 고 향 독일
- 체 중 5kg 이하   크 기 소형
- 외 모 긴 허리, 근육 진 짧은 다리
- 성 격 명랑
- 운동량 많음
- 유의 질병 외이염, 백내장, 척추 디스크, 비만, 갑상선 기능 저하
- 색 상 붉은색, 적갈색, 검은색, 황갈색, 초콜릿색
- 친화성 보통   털 빠짐 보통

닥스훈트는 독일어로 '오소리 개' 라는 뜻을 가졌어요. 털이긴 장모(롱코트)와 짧은 단모(스무드코트)에 따라 성격 차이가 있지만 모두 사람을 매우 좋아하고 활발한 성격이라 초보 개 집사에게 알맞은 개님이랍니다. 닥스훈트의 매력인 긴 허리와 짧은 다리는 과격한 운동과 비만으로 디스크를 유발시킬 수도 있으니 늘 신경 써서 주의해주세요. 특히 높은 곳에서 뛰어내리는 과격한 행동은 척추에 부담을 주기 때문에 강아지 계단을 놓는 것도 하나의 방법이랍니다.

05
분리불안

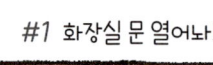

다양한 분리불안 증상

반려견이 주인이나 가족과 떨어져 불안한 행동을 보이는 모든 증상이 포함돼요. 짖거나, 흐느끼거나, 물건을 물어뜯거나, 배변 실수를 하거나, 밥을 먹지 않기도 하고요. 라무는 여행이나 낯선 공간에서는 절대 떨어지지 않고 불안해서 계속 안아달라고 조릅니다.

#2 그래도 매번 걱정된다

우선 관심과 관찰이 중요!

반려견의 분리불안은 원인이 다양하고, 여러 증상으로 나타나요. 사람이 있을 때, 사람이 없을 때 행동이 다를 수 있고 위험한 상황이 될 수도 있어요. 분리불안 증상이 없던 개님도 이사 등의 이유로 생활환경이 바뀌면 증상이 나타날 수도 있어요. 우선 관심을 가지고 자세히 관찰하며 전문가의 도움을 받는 것이 필요합니다.

Part 3. 개님의 일상

궁금해요

#분리불안 #화장실 보초

분리불안 줄이는 방법이 있을까요?

A 말 그대로 분리불안은 보호자와 떨어지기 때문에 생기는 현상이므로 떨어지지 않으면 돼요.

Q 지킬 수 없는 상황에서는 어떻게 해야 할까요?

A 떨어지지 않은 것처럼 항상 보호자의 안락함을 느낄 수 있게 해주면 돼요.

Q 구체적인 행동으로 말씀해주세요.

A 고전적인 방법으로는 외출 시 간식을 주거나, 보호자의 체취가 묻어있는 잠옷이나 이불 등을 바닥에 놔주는 방법도 있어요. 무엇보다 보호자가 항상 돌아온다는 믿음을 주는 게 중요해요.

Q 다시 돌아온다는 믿음을 주는 게 중요하군요!

A 요즘 다양한 CCTV 기기를 이용해 모니터링을 하고 소통하는 방법도 있어요.

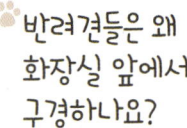

반려견들은 왜 화장실 앞에서 구경하나요?

A 여러 가지 이유가 있는데 평소 화장실이 자기가 배변을 보는 장소라면 자기 공간이라고 우기는 걸 수도 있어요.

Q 어머니! 우리 개님은 그런 생각 안 했으면 좋겠네요…

A 배변을 보는 순간이 적들로부터 무방비 상태라고 느끼기에 보호자를 보호하려는 의도도 있고요.

Q 앳 누가 누굴 지켜준다고… 고마워라.

A 애교 많은 개님들은 보호자와 항상 함께하기 위해서 하는 행동일 수도 있어요.

Q 그게 제일 마음에 드는 이유네요!

분리불안은
전문가에게 꼭 상담받으세요

일상생활에서 반려견이
분리불안 증세가 있다면
심리적, 신체적 상태와 주인과의
신뢰 관계를 확인해볼 필요가 있어요.

이때 혼자 고민하지 마시고
전문가에게 상담을 받거나,
관련 세미나, 교육 프로그램을 듣는 것을
추천해요.

견종 이야기 15번째

차우차우 Chowchow

- 고 향: 중국
- 체 중: 20~32kg
- 크 기: 중형
- 외 모: 근육질 몸매, 사자 같은 털
- 성 격: 조용하고 경계심이 강함
- 운동량: 보통
- 유의질병: 지루성 피부염, 백선, 음식 알레르기, 탈모증, 신장염
- 색 상: 붉은색, 미색, 황갈색, 검은색, 청색
- 친화성: 낮음
- 털빠짐: 많음

사자견으로 잘 알려진 차우차우는 사자 같은 풍성한 털과 자색 혀가 매력적이에요. 평소 조용하고 듬직한 차우차우는 한 사람만 따르는 것으로 유명한 멋진 개냥이지만 낯선 사람에 대한 경계심이 아주 강해 주의를 하지 않으면 위험해질 수 있어요. 시력도 좋지 않아 작은 변화에도 잘 놀란답니다. 풍성한 털로 추위에는 강하지만 더위에는 약하기 때문에 여름에는 더욱 신경 써주세요.

Part 3. 개냥의 일상　75

06 식분증

#1 우리 개님이 똥을 먹어요

무조건 혼내지 마세요.

혼을 내서 똥을 먹지 않는다면 좋겠지만 대부분은 또 몰래 먹고, 오히려 트라우마가 생기기도 해요. 라무의 경우 집에서는 똥을 쌌을 때 바로 치우고, 산책가서 배변 활동을 할 수 있도록 유도해 바로 치워주는 방법으로 배변 교육을 했어요! 그런데 밖에서 남이 싼 똥을 가끔 먹더라고요… 아이고.

식분증의 원인은 다양해요.

성견이 되기 전 강아지 때는 호기심에 먹기도 하고, 왕성한 식욕에 이끌려 먹기도 한대요. 섭취하는 영양분이 부족하면 변을 먹기도 하고 스트레스가 있을 때 먹기도 하고요. 원인은 다양하니 식분증이 있다면 자세히 관찰해주세요.

#식분증 원인 #해결방법

식분증 원인에 대해 알려주세요.

Ⓐ 의학적 원인으로는 췌장 이상, 장염 흡수 불량증, 과식 등의 원인이 있어요.

Ⓠ 헉, 상황이 계속된다면 건강검사도 고려해 봐야겠군요!

Ⓐ 하지만 대부분 행동학적 원인이 많아요. 관심을 끌기 위해, 집사가 변을 집는 것을 흉내 내기 위해, 다른 개냥이 먹는 것을 보고 학습하는 경우도 있고요.

Ⓠ 맙소사.
별 걸 다 따라 하네요!

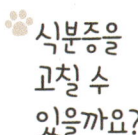

Ⓐ 소화력이 떨어지거나 급하게 먹은 사료가 그대로 변으로 나와 먹는 경우도 종종 있어요.

Ⓠ 으… 그래도 똥은 안 먹었으면 좋겠어요…

식분증을 고칠 수 있을까요?

Ⓐ 각각 때에 따라 알맞게 치료하는 방법이 있어요.

Ⓠ 정말요? 알려주세요!

Ⓐ 우선 소화를 잘 못 시키는 경우에는 사료에 소화효소를 첨가하고, 변의 냄새를 변화시키는 것들을 첨가해주세요. 그리고 행동학적 교정으로는 체벌보다 식분하지 않도록 동기부여를 해 주는 것이 중요해요.

Ⓠ 좀 더 자세히 알려주세요.

Ⓐ 관심을 끌려고 하는 경우에는 무시하는 것이 가장 좋은 방법이지요. 원천봉쇄로 변을 본 즉시 눈을 마주치지 않고 모른 척 빨리 치우는 것도 방법입니다. 이때 변을 먹지 않으면 간식이나 산책 등의 보상을 해주세요. 대부분의 경우 사춘기를 지나고 성견이 되면 없어지는 경우가 많음으로 조급하게 생각하지 않는 것이 좋아요.

Ⓠ 라무 사춘기 지났는데요…

개념 식분증 원인들

✓ 심심해서 호기심에

✓ 사료의 양이 충분하지 않았을 때

✓ 배변 훈련 때 심하게 혼난 경우
분쟁의 원인인 똥을 숨기기 위해

✓ 스트레스를 받았을 때

견종 이야기 16번째

코커 스패니얼 Cocker Spaniel

- 🐾 고 향 미국
- 🐾 체 중 9~16kg
- 🐾 크 기 중형
- 🐾 외 모 두껍고 튼튼해 보이는 몸과 세련된 털
- 🐾 성 격 낙천적, 활발하고 충성심이 높음
- 🐾 운동량 많음
- 🐾 유의 질병 무릎관절 탈구, 지루성 피부염, 기관지 확장증, 확장형 심근증
- 🐾 색 상 검은색, 다갈색, 붉은색, 담황색, 얼룩무늬
- 🐾 친화성 높음
- 🐾 털 빠짐 보통

상냥하고 활발한 성격의 코커 스패니얼은 주인에 대해 애정이 특별한 개념이에요. 그래서 주인과 함께라면 적극적으로 훈련을 따를 만큼 멋진 개념이랍니다. 사냥개 출신이라 운동량이 많기 때문에 매일 운동과 산책으로 함께해주세요. 하지만 더위에 약하므로 한여름 낮 산책은 피해야 해요. 잦은 빗질과 털관리로 코커 스패니얼의 우아한 모습을 유지하는 것도 잊지 마세요.

Part 4
건강한 개님

01. 마운팅, 염좌와 골절　02. 흥분과 짖음, 눈 건강　03. 항문, 귀 건강
04. 구토, 고열과 저열　　05. 중성화 수술　　　　　06. 임신과 출산

01
마운팅, 염좌와 골절

#1 이것은 붕가붕가인가?

마운팅은 성별에 상관없다?!

수컷만 마운팅을 한다고 생각하지만, 성별과 상관없이 모두 하는 행동이에요. 마운팅은 단순한 성적 행동을 넘어 다양한 원인이 있어요. 그중 하나의 놀이로 인식하고 마운팅을 하기도 하는데, 행동을 멈추게 하고 싶을 때는 단호하게 거절해 주시면 됩니다. 하지만 행동이 너무 자주 반복되거나 질병이 의심된다면 반드시 동물병원에 가보세요.

#2 왜 말을 못해!

아프다고 표현하면 다행이지만…

라무는 엄살이 있는 편이라 조금만 아파도 소리를 지르지만, 어떤 개님들은 아파도 참고 표현을 않거나 아프지 않은 척 한다고 해요. 높은 곳으로 뛰어오르고 내리기를 좋아하는 개님, 놀이 때 점프를 많이 하는 개님은 염좌, 골절, 슬개골 탈구, 인대 손상 등 다양한 다리 이상이 생길 수 있어요. 움직임이 조금이라도 이상하다면 반드시 수의사 선생님께 상담하세요!

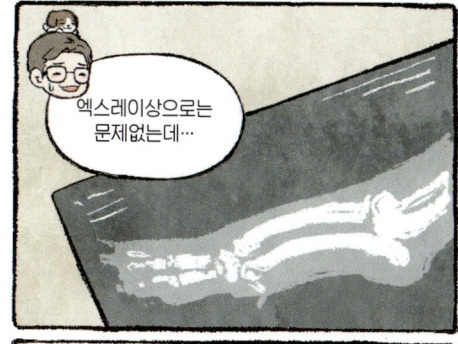

내 통장도 아프지마…

#마운팅 #고통 표현

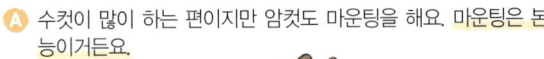

마운팅하는 이유, 암수가 다른가요?

A 수컷이 많이 하는 편이지만 암컷도 마운팅을 해요. 마운팅은 본능이거든요.

Q 앗, 욕구를 해결시켜 주려면 어떤 방법이 있을까요?

A 실내에서 주로 생활하는 요즘 개님들은 교배에 대한 욕구를 해결하기는 힘드니 중성화 수술을 통해 스트레스를 줄여주는 방법이 있지요.

Q 중성화 수술이 마운팅 표현을 줄여줄 수 있나요?

A 중성화 수술을 하지 않으면 더 많이 표현하기도 하지만 중성화 수술을 했더라도 사춘기 이후에 했다면 마운팅 기억이 더 많이 남아 있어 표현할 수도 있어요.

Q 본능을 막을 수 없으니 참고하고 있어야겠네요!

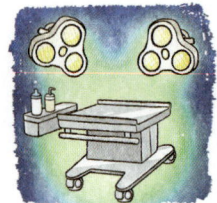

고통을 표현하지 않는 경우에 어떻게 알 수 있죠? (눈에 띄는 증상이 있다면)

Q 사람 같으면 발목을 살짝 삐어도 파스를 바르고 엑스레이를 찍고 깁스를 하는데 개님은 참…

A 그것도 어떻게 보면 본능이라고 할 수 있겠죠. 슬개골이 빠졌는데도 그냥 걷기도 하니까요.

Q 오히려 꾀병이라도 아픈 걸 표현해 줬으면 좋겠네요.

A 그나마 눈에 띄는 증상이 있다면 관절염이 심해지고 십자인대까지 파열되면 다리를 드는 표현과 깡깡이 발로 걷는 것으로 표현하기도 해요.

Q 맙소사… 저라면 그전에 이미 드러누웠을 거예요.

개님 다리 모양과 앉는 자세 관찰하기!

활동적인 강아지들은 뛰어다니면서 이곳저곳 부딪히고 상처 나고 하는데 평소에 집사가 세밀하게 관찰을 한다면 어느 정도 부상 정도를 알 수 있습니다. 무릎인대가 늘어나 슬개골이 빠지는 슬개골 탈구, 무릎관절 접합 면의 인대가 손상되는 십자인대 단열, 반월판 손상 등에 문제가 생길 수 있어요. 통증을 호소하거나 다리를 절뚝거리거나, 앉는 자세가 이상하다면 바로 수의사 선생님의 진단을 꼭 받아보세요!

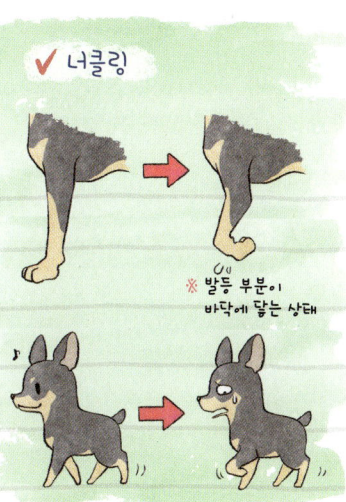

견종 이야기 17번째

카바리에 킹 찰스 스패니얼
Cavalier King Charles Spaniel

- 고 향   영국
- 체 중   5~8kg
- 크 기   소형
- 외 모   긴 귀, 여러 색상의 얼룩무늬 털
- 성 격   활발하고 모험적, 유순함
- 운동량   많음
- 유의 질병   유전적 심장질환, 외이염
- 색 상   흰색&검은색, 흰색&적색, 흰색&검은색&적색, 얼룩무늬, 적색
- 친화성   높음
- 털 빠짐   보통

이름이 긴 카바리에 킹 찰스 스패니얼은 줄여서 '캐비'라고 불리기도 해요. 이름의 카바리에는 '중세의 기사'를 의미하는 만큼 몸의 균형이 잘 잡혀있답니다. 다양한 털빛과 얼룩무늬가 매력인 이 개님은 모험심이 강하고 유순한 성격이라 길들이기 쉬워 좋은 친구가 될 수 있을 거예요. 카바리에 킹 찰스 스패니얼은 똑똑해서 훈련 성과도 좋은 개님이랍니다. 귀가 길게 늘어져 있어 귀 청소에 신경 써 외이염이 생기는 것을 예방해주세요.

Part 4. 건강한 개님

02
흥분과 짖음, 눈 건강

#1 지켜주고 싶은 당신

갑자기 짖는다면?

개님이 경계의 상황이나 위험을 느꼈을 때 짖을 수 있어요. 이런 경우 오히려 아무 일이 아닌 듯 반응하지 않거나, 눈높이를 맞추고 손바닥을 내밀어 보이며 하품을 해 주어 집사가 편안한 상태라는 것을 알려주면 좋아요.

#2 동상이몽

닭똥 같은 눈물을 또로록 💧

견종에 따라 눈물이 많은 경우도 있고, 알레르기, 질병, 혹은 노화로 눈물이 많아지는 경우도 있어요. 갑자기 눈물이 많아졌다면 동물병원에서 상태를 진단받는 것을 추천해요. 약물 처방을 받거나 수술이 필요한 경우도 있다고 해요. 하지만 수술은 아주 최후의 선택이니 충분한 상담이 필요해요.

Part 4. 건강한 개냠

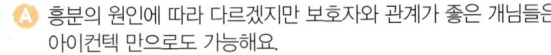

#진정시키기 #눈물 자국 #눈물 수술

흥분을 가라앉히는 방법이 있을까요?

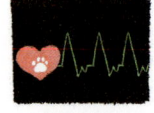

- Ⓐ 흥분의 원인에 따라 다르겠지만 보호자와 관계가 좋은 개님들은 아이컨텍 만으로도 가능해요.
- Ⓠ 대단해요! 평소 교육과 엄청난 신뢰감이 있어야 가능한 방법인 거 같네요!
- Ⓐ 흥분 시 간식 같은 걸로 관심을 돌리거나, 개님이 어떤 부분에 흥분하는지도 잘 체크해 거기에 맞는 교육을 통해 훈련할 수 있어요.
- Ⓠ 우리 집 개님은… 언제쯤 가능할까요.
- Ⓐ 역시 개님에 따라 알맞은 교육이 필요하죠. 공부하고 노력하세요. 인내와 끈기!
- Ⓠ 인내와 끈기!

눈물 자국은 어떻게 지울 수 있나요?

- Ⓐ 흰색 털의 눈물 자국은 없앨 수 없어요.
- Ⓠ 맙소사 그러면 흰털 개님들은 평생 눈물 자국을 달고 살아야 하나요?
- Ⓐ 기존에 생긴 눈물 자국은 미용을 해서 없애는 방법이 있지요.
- Ⓠ 미용 말고 다른 방법도 있을까요?
- Ⓐ 원인인 눈물량을 조절하는 방법도 있어요. 수술적 방법도 있지만 최근에는 눈물량을 조절하는 약도 판매되니 동물병원에 문의해 보는 편이 좋아요.

눈물 수술은 부작용이 있다고 들었어요.

- Ⓠ 눈물 수술을 하면 늙어서 눈물이 나오지 않아 눈을 깜빡이지 못해 평생 안약을 넣어야 한다는 얘기가 있는데 맞나요?
- Ⓐ 눈물샘을 직접 제거하면 나중에 안구 건조증이 올 수 있으므로 좋지 않아요. 눈물샘은 그대로 두고 포켓을 만들어 잘 배출되게 하는 방법이 있지만 아이라인이 없어져 미용상 안 예쁘게 되는 단점이 있어요. 다행히 눈물이 많이 나는 증상을 유루증이라고 하는데 유루증에 효과적인 먹는 약들이 있으니 참고하세요!

개님 눈 건강 체크하기!

✓ 건강한 눈

✓ 눈곱

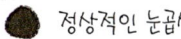 정상적인 눈곱색

 염증으로 인한 눈곱색

✓ 안구질환

각막염

※ 각막염은 홀로 오는 것보다 각결막염으로 함께 옵니다. 또한 각막 단독이상은 주로 각막궤양이 흔합니다.

결막염 　　　　백내장 　　　　각막궤양

견종 이야기 18번째

프렌치 불도그　French Bulldog

- 🐾 고　향　프랑스
- 🐾 체　중　10~13kg
- 🐾 크　기　중형
- 🐾 외　모　짧은 털, 쫑긋이 선 둥그런 귀
- 🐾 성　격　사람을 좋아하고 온순함. 대범함
- 🐾 운동량　보통
- 🐾 유의 질병　피부병, 각막염, 결막염, 안구 탈구, 폐렴, 비만, 혈우병, 요로결석
- 🐾 색　상　흰색&검은색, 흰색&황갈색, 얼룩무늬
- 🐾 친화성　보통　　🐾 털 빠짐　많음

개성 있는 표정과 벌어진 다리, 동그랗고 다부진 몸매가 특징인 프렌치 불도그는 호기심이 왕성하고 영리한 개님이에요. 평소 성격이 느긋하고 온순하지만 기본적으로 힘이 세 위험한 상황이 오더라도 통제할 수 있도록 평소 교육이 필요해요. 운동부족으로 비만의 위험이 있으니 식사와 적당한 운동으로 개님의 건강을 지켜주세요. 운동은 거친 운동보다는 느긋한 산책으로도 충분합니다. 더위에 약하기 때문에 여름에는 주의해야 하고, 외출 후 얼굴 주름 사이사이를 닦아 청결을 유지해주세요.

03
항문, 귀 건강

#1 엉덩이 썰매 시즌

내버려 두면 병이 된대요!

항문낭을 관리해주지 않으면 변비, 썰매 타는 자세, 고름과 혈흔, 항문을 핥음 등의 증상을 보이고 심한 경우 파열되기도 해요. 이런 경우 수술을 하게 됩니다. 하지만 무리해서 항문낭을 짜지 마시고, 혹시 피나 상처가 났다면 반드시 동물병원에 가보세요.

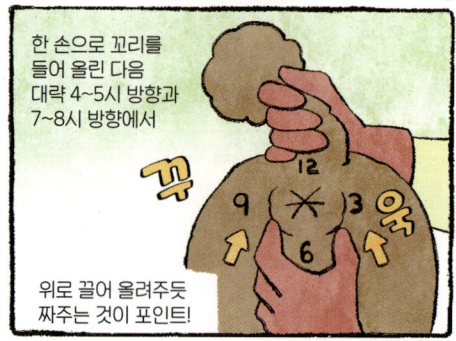

귀가 덮인 개님은 더욱 조심!

라무처럼 귀가 크거나 덮인 견종은 귀 안에 습도가 높아 세균에 노출되거나, 귓병에 걸릴 확률이 더 높다고 해요. 귓병 예방을 위해 평소에 더 자주 귀를 살펴봐 주세요. 그리고 귓병이 있어 치료성 약품으로 귀를 청소할 경우에는 목욕 전후 2~3일 이내에는 하지 않는 게 좋다고 해요. 알아두세요!

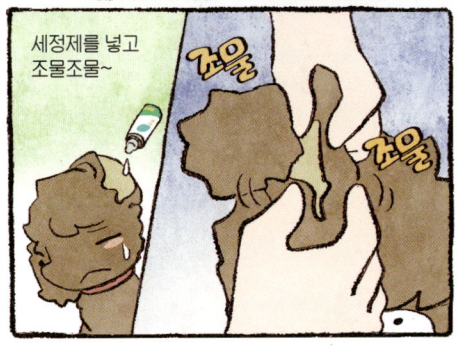

#항문낭 #귀 청소

항문낭 짜주는 횟수가 정해졌나요?

A 일반적으로 개님은 변을 볼 때 항문낭이 조금씩 나오므로 따로 짜줄 필요가 없어요.

Q 그럼 어떤 기준으로 항문낭을 짜는 건가요?

A 이를테면 어떤 이유에서건 항문낭에 액체가 고체화되거나 염증이 생긴다면 적어도 한 달에 한 번씩 목욕할 때 짜주는 것이 좋아요. 항문낭은 항문을 기점으로 4시와 8시 방향에 있으므로 꼬리를 직각으로 들어 올리고, 밀어 올리듯이 짜주세요.

Q 아프진 않겠죠…

귀 청소 횟수와 주의점은요?

A 건강한 귀라면 목욕 때마다 청소해주는 것이 좋아요. 목욕은 일주일에서 열흘에 한 번 해주므로 귀 청소도 그에 따라 해주면 되지만 귀에 질환이 있는 경우에는 매일 해주어야 하는 경우도 있어요.

Q 귀 청소 할때 주의점이 있다면 알려주세요.

A 귓속 안을 건드리거나 귀에 상처가 나지 않도록 주의해야 해요. 상처가 나면 염증이 생길 수도 있으니 면봉보다는 부드러운 탈지면을 이용해서 깨끗하게 유지해주세요.

개님 귀 건강 체크는 필수!

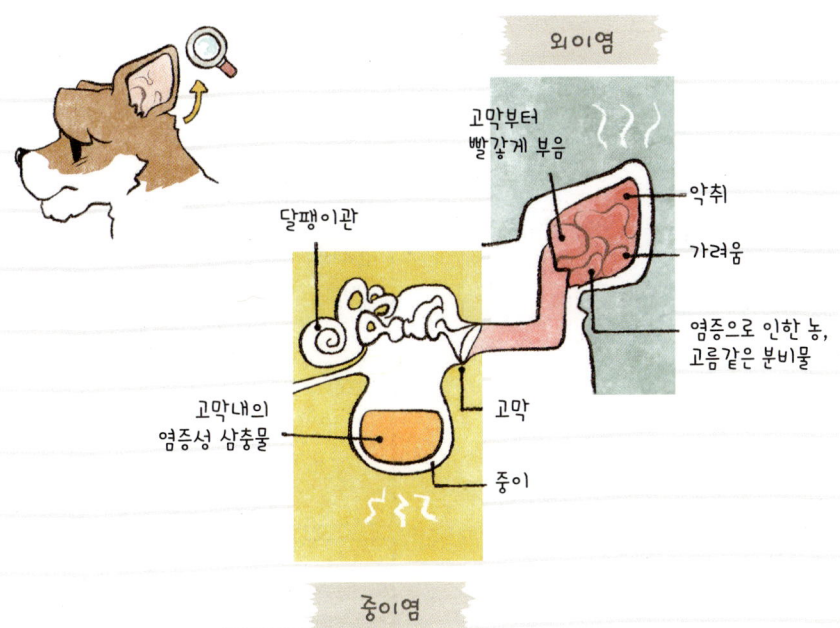

외이염
- 고막부터 빨갛게 부음
- 악취
- 가려움
- 염증으로 인한 농, 고름같은 분비물
- 달팽이관
- 고막내의 염증성 삼출물
- 고막
- 중이

중이염

페키니즈 Pekingese

고 향	중국
체 중	2.5~6kg
크 기	소형
외 모	넓은 가슴. 풍성한 털. 짧고 납작한 얼굴
성 격	자신감 넘치고 독립심이 강함. 겁이 없고 공격적이지 않음
운동량	적음
유의 질병	척추디스크
색 상	흰색, 검은색, 갈색 등 다양한 색상
친화성	보통
털 빠짐	보통

페키니즈는 겁이 없지만 그렇다고 해서 공격적이지도 않은 특이한 성격을 가졌어요. 조심성 많고, 고집도 세 훈련하기 힘들지만 활발한 성격이 아니라 간단한 명령만으로도 함께하는데 문제없을 거예요. 이 개님은 가족에게는 애정이 넘치며 상냥하지만 낯선 사람에게는 경계심이 강답니다. 풍성한 털로 겨울에는 강하지만 여름에는 치명적이니 온도관리로 개님의 건강을 지켜주세요. 특히 털이 엉키는 것을 방지하기 위해 매일 털 관리에 신경 써줘야 하는 것도 잊지 마세요.

04 구토, 고열과 저열

#1 꿀렁꿀렁, 우웩!

자주 토한다면 바로 병원으로!

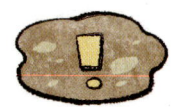

개님이 가끔 토할 수 있어요. 하지만 일주일에 3번 이상 자주 토하거나, 밥을 잘 못 먹거나, 토사물에 피가 있다면 건강에 이상이 생겼다는 증거입니다. 이런 경우에는 빨리 동물병원에 가보는 것이 좋아요.

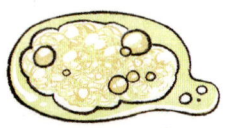

토사물이 거품 형태라면 공복이 길었다는 신호!

#2 우리 개님이 뜨거워요!

체온은 체온계로 정확히!

개님이 사람의 체온보다 약간 높기 때문에 뜨겁게 느껴지곤 합니다. 단순히 만져보는 것보다는 체온계로 정확하게 재는 것을 추천해요. 40도가 넘는 고열이나 38도 이하의 저열이 계속된다면 동물병원에 가보셔야 합니다.

Part 4. 건강한 개님

#구토 이유 #토사물 섭취 #개 풀 뜯어먹는

토하는 이유로 어떤 게 있을까요?

A 구토의 원인은 몇만 가지일 수 있을 만큼 다양하니 개님이 구토를 할 경우 원인을 파악하는 것이 중요해요.

Q 와… 구토의 이유가 엄청 많나 봐요??

A 일주일에 2~3회 이하로 구토를 한다면 그건 정상일 수도 있어요.

Q 그러면 구토를 할 시 좋지 않은 상황은 어떤 경우인가요?

A 하루에도 몇 번씩 구토한다거나 토사물에서 냄새가 심하고, 색깔이 탁하면 진료를 받아야 해요.

Q 똥에 이어 토사물도 잘 관찰해야겠군요.

A 건강한 개님이 구토를 한다면 한 끼를 굶겨보는 것도 방법입니다.

토한걸 다시 먹기도 하던데 괜찮나요?

A 이차적인 자극이나 감염의 위험이 있기 때문에 먹지 않게 하는 것이 좋아요.

Q 그걸 먹는 이유는 뭘까요?

A 가끔 구토 내용물에서 나는 방금 먹은 음식물 냄새로 인해 먹거나 감추기 위해 먹는 경우가 종종 있는데 모든 경우 좋지 않아요.

Q 개님들은 속이 좋지 않을 때 토를 하려고 풀을 먹는다는 이야기가 있는데 맞나요?

A 속이 좋지 않아 일부러 토를 하기 위해 먹는 개님들도 많이 있어요. 하지만 되도록 풀을 먹지 않게 해주세요. 독초가 있을 수도 있고 제초제가 뿌려져 있을 수도 있으니 조심하는 게 좋아요.

Q 아! 제초제는 생각도 못했네요. 절대 못 먹게 해야겠어요!

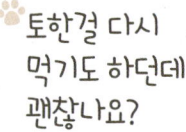

개님이 보내는 아프다는 신호

어디가 아프다고 말하지 않기 때문에
평소에 개님을 자주 살펴보는 것이 중요합니다.
아픈 개님은 호흡 곤란이 있거나, 기운이 없거나, 밥을 제대로 먹지 않거나,
배변 활동에 문제가 있거나, 쓰러지는 등 크고 작은 다양한 신호를 보냅니다.
일상생활에서 개님을 유심히 관찰해주세요.
평소와 다른 모습이 있다면 꼭 체크 후 수의사에게 문의합시다!

폭스 테리어 *Fox Terrier*

- 고 향   영국
- 체 중   7~8kg
- 크 기   소형
- 외 모   우아한 체형에 접힌 귀, 하늘을 향한 꼬리
- 성 격   도전적이고 영리함
- 운동량   많음
- 유의질병   백내장, 수정체 이탈, 골연골증
- 색 상   흰색에 다갈색 얼룩무늬
- 친화성   보통
- 털 빠짐   보통

고집도 있고 모험심 높은 쥐 잡이 개였던 폭스 테리어는 이름에서 알 수 있듯 여우 사냥몰이에서 활약도 할 만큼 발랄한 개님이에요. 천성부터가 부지런한 폭스 테리어는 운동을 좋아하고 도전적인 성격이라 훈련 적응도가 낮지만, 주인에겐 헌신적이고 생활 적응력도 빠릅니다. 무리를 지어 생활하던 개라 혼자 키우면 외로움을 느낄 수 있으니 늘 신경 써주세요. 적극적인 성향을 가진 집사와는 잘 어울리는 파트너가 될 거예요. 흙 파기를 좋아한다고 하니 참고하세요.

05 중성화 수술

#1 빈 주머니

암수가 다른 발정기

수컷의 경우 사춘기 때부터(4~6개월) 성 성숙이 이루어지고 생물학적 아빠가 될 수 있는 시기는 보통 생후 1년 이후라고 합니다. 암컷의 경우 생후 8~10개월 사이에 첫 생리를 합니다. 이후 1년에 2~3번 발정기가 찾아오고 그때 생리를 하게 됩니다. 임신을 원치 않을 경우 조심해야 해요. 암컷의 경우 생리 주기를 꼭 체크해주세요.

#2 장기 적출 현장

중성화 수술의 부작용

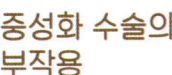

중성화 수술은 장점도 많지만 부작용도 있어요. 흔하게는 비만이 되기 쉽습니다. 가능성이 높지 않지만 잘못된 수술로 배뇨에 문제가 생기기도 하고요. 평생을 함께할 가족인 만큼 신중하게 고민하고 전문의와 충분한 상담 후에 결정해주세요.

Part 4. 건강한 개냥

궁금해요

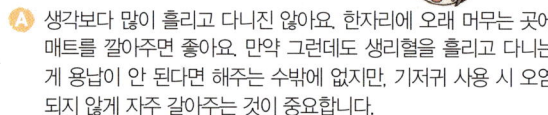

#기저귀 착용 #중성화 수술

생리 때 기저귀 사용은 괜찮은가요?

A 사실 핥지 않으면 안 하는 것이 좋아요.

Q 하지만 여기저기 생리혈이 낭자한다면요???

A 생각보다 많이 흘리고 다니진 않아요. 한자리에 오래 머무는 곳에 매트를 깔아주면 좋아요. 만약 그런데도 생리혈을 흘리고 다니는 게 용납이 안 된다면 해주는 수밖에 없지만, 기저귀 사용 시 오염되지 않게 자주 갈아주는 것이 중요합니다.

Q 개냥에게 자유를 드리고 집사가 생리 끝난 전쟁터를 청소하면 되는 건가요?!!

중성화 수술 꼭 해야 할까요?

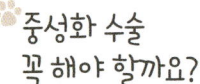

A 중성화 수술을 불쌍하다고 생각하는 집사가 많지만, 진짜 불쌍한 상황은 수술을 안 함으로써 생길 수 있는 질환과 생리 현상이에요. 수컷들의 욕구불만은 스트레스로 이어져 질병으로 발전할 수 있고, 암컷들은 첫 생리 이전에 수술해야 유방암 발병률을 0.5% 이하로 낮출 수 있어요.

Q 그럼 중성화 수술은 시기적으로 언제쯤 하는 게 좋을까요?

A 수컷은 사춘기 전인 4~5개월쯤이 좋고, 암컷은 첫 생리 전인 8~10개월 사이가 좋아요.

중성화 수술의 장단점

중성화 수술은 장단점이 함께 있어요.
장단점을 잘 따져보고, 수의사 선생님과 충분히 상의 후에 결정하는 걸 추천해요.
또한, 암수에 따라 수술 방법과 비용의 차이가 있습니다.

	장점	단점
수컷의 경우	✓ 마운팅, 마킹, 공격성이 줄어들 수 있다. ✓ 호르몬 과다 분비에 따른 질병인 전립선 비대, 회음탈장, 항문 주위 선종 등의 질병을 줄일 수 있다.	✓ 비만의 위험이 있다. ✓ 수술 부작용(일부)
암컷의 경우	✓ 자궁이나 난소에 종양, 자궁축농증 등의 위험을 줄일 수 있다. ✓ 유선종양 발생을 줄일 수 있다. ✓ 생리하는 동안의 불편함을 줄일 수 있다.	✓ 비만의 위험이 있다. ✓ 실금 병이 생길 수 있다. ✓ 수술 부작용(일부)

견종 이야기 21번째

요크셔 테리어 Yorkshire Terrier

- 🐾 고 향 영국
- 🐾 체 중 3kg   🐾 크 기 소형
- 🐾 외 모 긴 털에 쫑긋 선 귀
- 🐾 성 격 활발하며 겁이 없음. 자립심이 강함
- 🐾 운동량 보통
- 🐾 유의질병 지루성 피부염, 구토, 설사, 심장판막증, 심장마비, 관절질환
- 🐾 색 상 황갈색, 황금색, 암 청회색 등
- 🐾 친화성 낮음   🐾 털 빠짐 보통

살아있는 보석이라는 타이틀만큼 비단결 같은 털을 가진 개냄이에요. 활기가 넘치고 늘 자신감 있는 모습의 요크셔 테리어는 화려한 긴 털의 장모종 이지만 털 관리가 까다롭지 않아 하루 한 번 빗질만으로도 아름다운 털을 유지할 수 있어요. 청각에 예민해 잘 짖으며 겁이 없는 성격이라 작은 체구에도 불구하고 주인을 지켜주는 멋진 개냄이랍니다.

Part 4. 건강한 개냄

06
임신과 출산

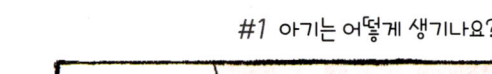

미리 새끼의 수를 확인해주세요!

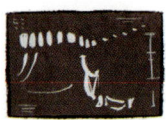

임신 후 55일 전후로 엑스레이 검사를 통해 새끼가 몇 마리 있는지 확인해주세요. 몇 마리인지 모르고 출산하게 되면 마지막 새끼가 있는지 모르고 있다가 뒤늦게 나오면 그로 인해 호흡하지 못하고 죽는 경우가 있어요.

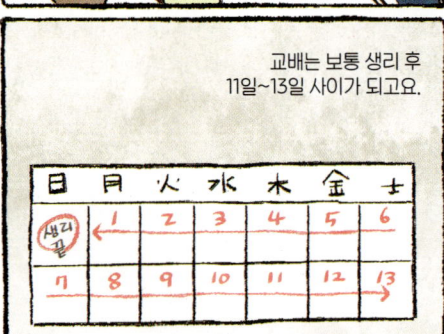

임신을 원치 않을 경우 생리 기간에는 암수가 만나지 않도록 해주세요!

#2 생명의 신비

소형견의 경우 더 조심!

대형견과 비교했을 때, 소형견 임신의 경우 어미의 몸에 비교해 새끼가 상대적으로 큽니다. 몸이 작은 소형견은 출산할 때 새끼가 산도에 걸려 제왕절개수술을 하는 경우가 많다고 하니 강아지 출산 전 공부도 많이 하고 꼼꼼히 준비해 주셔야 해요.

Part 4. 건강한 개념 103

#출산 준비 #집사가 할 일

출산 준비에 꼭 알아야 할 것들이 있을까요?

A 임신 후 50일 정도에 엑스레이 검사를 통해 마릿수와 태아의 상태, 골반의 크기와 자연분만을 할 수 있는 상태인지를 알아두는 것이 좋아요.

Q 사람처럼 정기점진이 필요하겠네요. 그 밖에 또 무엇이 있는지 말씀해주세요.

A 대부분 60(58일~68일)일 전후에 출산하므로 58일부터는 좀더 자세히 관찰할 필요가 있어요. 출산 증후는 보기에 금방 알 수 있으므로 미리 대비해주세요.

✔ 출산 증후들

불안해 한다.   구석을 찾는다.   신문지나 헝겊을 찢거나 모은다

집사는 무엇을 하면 좋을까요?

1) 출산 직전에 체온이 평상시보다 1~2도 떨어져요. 그 때문에 주기적으로 체온을 체크해야 합니다.
2) 엑스레이 촬영으로 새끼의 크기와 어미 개 골반의 크기 등을 비교해 난산에 대비하세요.
3) 야간에 출산할 수도 있으니 미리 집 근처 24시간 동물병원 알아두는 것도 중요해요.

경험이 있는 집사는 깨끗한 수건과 탯줄을 묶을 깨끗한 실, 자를 가위를 미리 준비해주시면 좋아요.

임신에서 출산까지의 과정과 체크리스트

생후 8~10개월 첫 생리		
이후 6개월에 1번(1년에 2~3번) 생리		☐ 임신은 6년 이하 개님까지 추천
생리 9일	질세포 검사	☐ 교배 예정일 체크 ☐ 고영양, 고열량 사료(개님용, 임신견용)로 전환
생리 11일	1차 교배	
생리 13일	2차 교배	
1차 교배 후 25~30일/ 45일	초음파 검사	☐ 임신여부, 태아의 수, 심장 확인
1차 교배 후 55~58일	방사선 검사	☐ 태아 머리와 어미 골반 크기 비교 ☐ 난산 가능성 체크, 태아의 수 확인 ☐ 분만 요령, 주의 사항 숙지
1차 교배 후 58~63일	1차 예정일	☐ 1차 교배 후 몇 일 차인지 체크
1차 교배 후 64~68일	2차 예정일	☐ 2차 교배 후 몇 일 차인지 체크
분만	난산, 제왕절개	☐ 분만 예정일 전 야간 접수 동물병원 알아두기
분만 직후	산모 관리, 육아	☐ 어미에게 칼슘제 급여, 꼬물이는 모유
분만 후 35일	이유식 시작	☐ 꼬물이들에게 물에 불린 사료 급여
분만 후 42일	1차 예방접종	☐ 꼬물이들 예방접종과 구충

견종 이야기 22번째

슈나우저 *Schnauzer*

- 🐾 고 향 독일
- 🐾 체 중 5~7kg
- 🐾 크 기 소형
- 🐾 외 모 긴 콧수염과 눈썹, V자로 접힌 귀
- 🐾 성 격 명랑하고 순종적임
- 🐾 운동량 보통
- 🐾 유의 질병 백내장, 심장판막증, 심장마비, 당뇨, 방광염, 간질
- 🐾 색 상 흰색, 검은색&회색, 흰색&검은색
- 🐾 친화성 보통
- 🐾 털 빠짐 적음

밝고 활발한 성격에 슈나우저는 훈련도 어려워하지 않는 영리한 개님이에요. 가족에게는 헌신적이지만 낯선 사람에게는 잘 짖고 경계하기 때문에 경비견으로도 믿음직해요. 털이 거칠고 뻣뻣해 엉키지 않도록 수염과 다리털을 매일 신경 써주셔야 해요. 살이 찌기 쉬운 체질이라 비만을 예방하기 위해 식사량과 운동량을 조절해 건강한 개님이 될 수 있도록 관리해주는 것도 잊지 마세요.

Part 5
청결한 개님

01. 이빨 닦기, 발톱 자르기
02. 몸 털기, 몸 비비기
03. 개님 목욕
04. 개님 미용

01 이빨 닦기, 발톱 자르기

양치는 필수!

개들도 어릴 때부터 양치질과 치아관리가 필요해요. 사람보다 충치 발생률이 낮지만, 양치하지 않으면 입 냄새와 치주염의 원인이 되는 치석으로 고생할 수 있어요. 치주염은 잇몸을 아프게 하고 심해지면 이빨 빠짐, 턱뼈 이상이 생길 수도 있어요. 입의 세균이 신장, 폐, 심장에 영향을 주어 다른 질병을 유발하기도 한다니 유의해주세요.

안전하게
발톱 자르는 방법

뒤 발톱은 산책만으로도 갈리지만, 앞 발톱은 꼭 관리가 필요하다고 해요. 이때 발톱 안에는 혈관이 있어 너무 짧게 자르면 피가 납니다. 흰색 발톱은 혈관이 보이지만 검은색 발톱은 잘 보이지 않으니 조심해야 합니다. 만약 피가 났다면 지혈제를 바르고 꾹 눌러 지혈합니다.

#치약 선택 #양치 방법 #발암물질 #발톱 관리

집사 치약을 같이 사용하면 안 되나요? 불소 성분은 왜 나쁜가요?

사람이 쓰는 치약은 대부분 불소가 함유되어 있어요. 불소는 치아 표면에 세균이 달라붙어 번식하는 것을 막아주지만 사용 방법에 있어 사람은 이를 닦고 물로 헹구어 뱉지만 개님들은 그걸 먹기 때문에 안돼요. 불소 자체는 개님 치아에도 좋지만 먹을 수밖에 없으므로 불소 중독증이 생길 수 있어 개님들은 대부분 위장관에도 자극이 없는 효소제로 된 치약을 쓰는 것이 좋아요. 불소중독이 생기면 뼈에 이상이 생겨 보행장애도 생기고 피모도 거칠어져 심하면 폐사할 수도 있으니 개님은 개님에 맞는 치약을 써야만 합니다.

양치는 매일 해야 하나요?

매일 하는 것이 가장 좋지만 적어도 일주일에 한 번 이상은 시켜주세요. 거품이 많이 생긴다면 깨끗한 수건으로 닦아주는 것이 좋아요. 거품을 다 먹게 하진 말아주세요. 치아가 건강해야 소화력이 좋아져서 오래 살 수 있다는 것을 명심해야 해요.

치약에 발암물질이 있다던데요?

아무리 효소제로 된 치약이라 먹어도 상관없다고 하지만 될 수 있으면 많이 삼키진 않도록 하는 것이 좋아요. 발암물질은 사실 뭐든 될 수 있고 워낙 시중에 치약 종류가 많으므로 수의사의 추천을 받고 구매하세요.

개님 발톱이 길어지면 다리에 어떤 영향을 주나요?

Ⓐ 발톱이 긴 상태가 지속한다면 발가락이 휘고 관절에도 무리가 갈수 있어요.

Ⓠ 깎는 간격은 며칠 정도가 좋을까요?

Ⓐ 개님의 발톱은 안으로 굽는 발톱들이니 패드나 살을 파고 들 수 있으므로 패드를 기준으로 평평하게 적어도 한 달에 한 번은 깎아 주는 것이 좋아요.

Ⓠ 주의해야 할 점이 또 있을까요?

Ⓐ 발톱이 길어지면 혈관과 신경도 같이 자라므로 짧게 깎을 수가 없어 보행하는데 불편할 수 있으니 평소 발톱 길이에 신경 써주세요.

Ⓠ 건강한 개님을 위한 길은 머리부터 발끝까지 신경 쓰는 거군요!

개님 치아 관리는 오래 함께 사는 비결

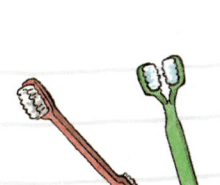

① 개님 전용 칫솔 & 개님 전용 치약 사용.

② 규칙적으로 비슷한 시간에 양치 하는 것을 추천.
어금니에 치석과 잇몸이 부었는지 확인.

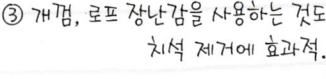

③ 개껌, 로프 장난감을 사용하는 것도
치석 제거에 효과적.

④ 1년에 한 번씩 구강검진 추천.

 **견종 이야기** 23번째

시츄 Shih Tzu

- 🐾 고　향　티베트
- 🐾 체　중　5.4~6.8Kg　🐾 크　기　소형
- 🐾 외　모　멋진 털과 납작한 코, 곡선의 꼬리 모양
- 🐾 성　격　사교적이고 친근함.
- 🐾 운동량　낮음
- 🐾 유의질병　외이염, 신장염, 눈병, 심내막증, 지루성 피부염
- 🐾 색　상　다양한 색상
- 🐾 친화성　높음　🐾 털 빠짐　보통

감정도 풍부하고 애교도 많은 시츄는 얌전한 인상이지만 자존심 강하고 혈기왕성한 개님이에요. 주인을 좋아해 잘 따르지만 낯선 사람과 다른 개님에게는 도도하고 잘 짖기도 해서 어릴 때부터 사회성을 길러준다면 문제 행동을 줄이는 데 많은 도움이 될 거예요. 장모종이라 털을 매일 관리해야 하지만 털이 많이 빠지지 않고 냄새도 많이 나지 않아 가정에서 많이 선호하는 개님 이랍니다.

Part 5. 청결한 개님

02 몸 털기, 몸 비비기

#1 푸드득! 재난 경보

개님 몸 털기는 자연스러운 것

털에 물이 묻었을 때 개님은 자연스럽게 몸을 털어 물기를 털어내요. 스스로 물과 이물질을 제거하고, 저체온증 등의 위험을 예방하기도 합니다. 물기가 없을 때도 무료한 기분을 전환하거나, 스트레스를 풀거나, 흥분을 가라앉히기 등을 위해 몸을 털기도 해요.

#2 향수 뿌리고 가실게요~

비비는 이유는 여러 가지!

몸이나 얼굴을 땅에 비비는 행동은 좋아하는 냄새가 나거나 기분이 좋을 때 하는 자연스러운 행동이에요. 비비는 행동을 하지 않는 경우는 예민하거나 소심하고 무서움이 많은 경우일 수 있답니다. 때에 따라서 가려움, 염증으로 비빌 수도 있다고 하니 비비는 행동을 한다면 자세히 관찰해주세요.

#개님 행동 이해하기

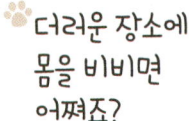
더러운 장소에 몸을 비비면 어쩌죠?

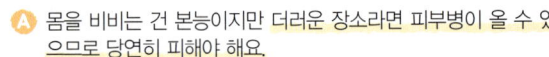

A 몸을 비비는 건 본능이지만 더러운 장소라면 피부병이 올 수 있으므로 당연히 피해야 해요.

Q 순간 먼저 몸을 비볐다면 어떻게 해야 할까요?

A 간식이나 놀이를 통해 다른데 관심을 옮기고, 깨끗하게 목욕 후 드라이기로 잘 말려주세요.

Q 개님이 어떤 생각을 하고 있는지 정말 알 수 없네요…

A 개님도 집사를 보면 그렇게 생각 할걸요.

Q 그런가요?! 또 다른 이유가 또 있을까요?

A 놀아달라는 표현일 수 있어요.

Q 뜨끔…

인간과 개님은
좋은 향기에 대한 취향이 다를 뿐

개천을 산책하다가 길에 나온
죽은 지렁이 위에 몸을 비비는 라무를 보고
엄청 놀랐어요. 죽은 지렁이를 볼 때 마다
그런 행동을 해서 수의사 선생님께 여쭤보니
지렁이 특유의 꼬릿한 냄새를
개님들이 좋아해서 몸에 냄새를 남기기 위해 그런다고 하네요.
이제 그런 행동을 해도 놀라지는 않지만 목욕 걱정은 여전해요.

반대로 집사 개인 취향으로 개님 미스트나 샴푸 등
인간이 좋아하는 향이 강한 제품들을 구매했다는 것을 알게 됐어요.
개님을 안았을 때 제가 기분 좋아지려고 그랬던 거였지요.
반성하고 이후 모든 제품은 무향에 가까운 거로 찾아 구매하고 있어요.

견종 이야기 24번째

파피용 Papillon

- 고 향 프랑스, 벨기에
- 체 중 4~4.5kg
- 크 기 소형
- 외 모 리본 모양의 귀
- 성 격 활발하고 명랑함. 용기와 애정이 많음.
         다소 소란스러움
- 운동량 보통
- 유의질병 골절, 각막염, 백내장, 유전성 난청
- 색 상 흰색&검은색, 황갈색 얼룩
- 친화성 높음
- 털빠짐 보통

프랑스어로 '나비'를 의미하는 파피용 이름만큼 리본 모양의 귀가 트레이드마크인 개님이에요. 우아한 작은 외형에 명랑하고 쾌활한 모습은 소란스러워 보일 수도 있지만, 책임감이 강하고 애정이 많아 다른 개님들과도 금방 친해지곤 한답니다. 귀나 가슴, 꼬리털은 가늘어 잘 엉키기 쉬우니 빗으로 매일 관리해주세요. 귀여운 외모에 너무 응석을 받아주면 제멋대로에 공격적이게 될 수 있으니 훈련할 때는 진지하게 임하고, 놀 때는 애정으로 대해주세요.

Part 5. 청결한 개님

03 개님 목욕

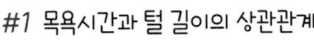

목욕을 좋아하는 개님이 되려면?

목욕이 불쾌한 과정이 되지 않도록 하려면 즐거운 놀이라는 인상을 주는 것이 필요해요. 입양 후 첫 목욕이거나 아직 어린 개님은 샴푸 없이 물로만 목욕하면서 목욕시간을 즐길 수 있도록 하는 것도 좋은 방법입니다. 또는 집사가 개님과 함께 목욕하는 방법이 있어요. 이때 래시가드를 입고하면 좋겠죠?! 주인과 함께하면 덜 힘들어한다고 하니 참고하세요.

다양한 목욕 용품이 있어요!

소음이 적은 샤워기, 연수기, 산책 후 발만 닦을 수 있는 발 비누, 부분만 씻을 수 있는 시트 샴푸(샴푸 티슈), 물을 쓰지 않는 스프레이 샴푸, 피부 보호를 위한 에센셜 오일, 마사지용 마사지 오일, 수분공급용 미스트, 발바닥 패드에 건조함이나 갈라짐을 위한 크림까지 너무 다양해요. 하지만 충동구매는 하지 맙시다!

#2 특별한? 특이한? 이상한?

궁금해요

#개님 전용 샴푸 #약용 샴푸 #목욕 횟수

집사 샴푸와 개님 샴푸의 차이는요?

개님들은 사람보다도 피부 지방층이 얇고 ph가 더 높기 때문에 사람 샴푸를 쓰면 각질이 많이 생기고, 피부병이 쉽게 올 수 있으므로 개님용 샴푸를 꼭 사용해야만 해요.

약용 샴푸의 종류와 효과는요?

개님에 따라 피부병의 종류가 다양하므로 거기에 맞는 샴푸를 사용해주는 것이 중요해요.
곰팡이성 피부병, 염증성 피부병, 아토피성 피부병, 기생충성 피부병 등 각각에 맞는 약용 샴푸를 써주는 것이 아무래도 좋겠지요.

목욕 횟수는 몇 번이나…

정상적인 상태를 기준으로 소형견은 일주일에서 열흘에 한 번 정도가 좋아요. 대형견은 한 달에 한 번도 가능하고, 피부병이 있으면 약용 샴푸로 좀 더 자주 목욕을 시켜주세요.

산책 시마다 목욕하는 거 괜찮은가요?

Ⓐ 피부층이 얇아 자주 목욕 시키는 것은 피부병을 일으킬 수 있는 원인이 되니 지양해주세요.

Ⓠ 그럼 더러워진 발은 어떻게 하죠?

Ⓐ 물티슈로 가볍게 닦아주거나 현관 앞에 물수건을 넓게 펴고 물 수건 아래에 간식을 넣어두면 개님이 간식을 찾는 놀이로 발은 자동으로 닦이니 일거양득이죠.

개님 목욕시키는 방법

① 장모견이나 털이 잘 엉키는 개님은 목욕 전에 털을 빗어 엉키지 않게 해준다.

② 목욕할 때 항문낭을 짜주는 것도 좋다.

③ 미지근한 물로 몸 뒤부터 앞쪽으로 적셔준다.

④ 샴푸는 물에 풀어 충분히 거품을 낸 뒤 손톱이 아닌 손가락 끝을 사용한다.

⑤ 물이 눈과 귓속에 들어가지 않도록 유의하고 마지막에 머리와 귀 부분을 씻어준다.

⑥ 샴푸가 남지 않도록 꼼꼼히 헹궈준다.

⑦ 수건으로 충분히 물기를 닦아낸다.

⑧ 드라이로 꼼꼼히 말린다. 이때 오래 물고 뜯을 수 있는 간식을 개님에게 주면 드라이기에 대한 거부감을 조금은 줄일 수 있다.

Tip
귓병에 위험이 있는 귀 안까지 꼼꼼히 말려준다.
단, 이때 반드시 차가운 바람으로 말려야 한다.

견종 이야기
25번째

시베리안 허스키 Siberian Husky

- 고 향: 시베리아
- 체 중: 16~28kg
- 크 기: 중형
- 외 모: 늑대 같은 외형
- 성 격: 무뚝뚝 하지만 사람을 좋아하고 사교성이 높음
- 운동량: 보통
- 유의질병: 고혈압, 피부염, 백내장, 유전성 심장비대
- 색 상: 흰색에 다양한 무늬와 색
- 친화성: 보통
- 털 빠짐: 많음

늑대 같은 모습이 매력적인 허스키는 카리스마 있는 외형과 달리 사람을 좋아하는 개님이에요. 허스키라는 이름은 개님의 짖는 소리가 거칠기 때문에 붙여진 이름이랍니다. 알래스카와 북쪽 지방의 에스키모 썰매견 혈통인 만큼 추운 날씨에 강하고 지구력과 체력이 엄청나답니다. 그러기 때문에 운동량에 늘 신경 써야 하는데, 허스키에 운동량에 맞추려면 집사도 그만큼의 체력이 필요하다는 걸 참고해주세요!

Part 5. 청결한 개님

04 개님 미용

#1 미용할 타이밍

털과의 전쟁!
집 청소 노하우 공개

집에 사는 반려견들은 1년 내내 털갈이를 한다고 봐도 좋습니다.(견종에 따라 다름) 바닥은 구하기 쉬운 정전기 부직포를 걸레 밀대에 붙여 청소하는 것을 추천해요. 씻어서 사용하는 돌돌이도 좋아요. 카펫, 러그, 소파 등은 베이킹소다를 뿌린 뒤 잠시 두었다가 청소기로 흡입하면 베이킹소다와 함께 털이 제거되지요.

#2 털 깎인 라무의 불쾌함

반려견 셀프 미용 팁

미용기 날이 뜨거워질 것을 대비해서 2개의 날을 준비하여 번갈아 사용하기.

1. 반려견이 좋아하는 장소를 택한다. 되도록 자연광이 들어오는 밝은 곳이 좋다.
2. 신문지나 돗자리를 깔고 비닐봉지, 미용기기와 충전기 등 준비물을 꼼꼼히 챙긴다.
3. 반려견이 좋아하는 간식을 챙겨둔다.
4. 미용기기가 뜨거워지지 않는지 체크하며 면적이 넓은 등부터 좁은 다리 순서로 깎는다.

#셀프 미용 #미용 우울증 #개님 염색

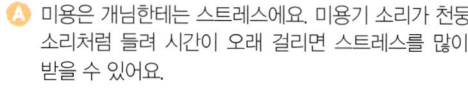

셀프 미용 시 주의할 점이 있나요?

A 미용은 개님한테는 스트레스에요. 미용기 소리가 천둥 소리처럼 들려 시간이 오래 걸리면 스트레스를 많이 받을 수 있어요.

Q 저도 집사가 처음이라… 빨리 안되는데 어쩌죠?

A 시간이 오래 걸린다면 다독거리면서 며칠에 걸쳐서 미용하는 방법도 좋은 방법이에요.

Q 한 번에 끝내야겠다는 생각을 버리면 좋겠네요!

A 미용 후엔 보상을 꼭 해주어야 보호자와의 관계가 틀어지지 않으니 잊지 마세요.

미용 후 나타나는 우울증 증상으로 어떤 게 있나요?

간혹 미용 후 스트레스로 인해 설사하거나 구토를 하기도 하며 밥을 안 먹는 개님도 있어요. 대부분 최대 일주일 정도면 회복이 되나, 증상이 심하면 병원에서 증상에 맞는 치료를 받는 편이 좋아요.

개님들 염색해도 괜찮나요?

요즘 개님을 위한 염색약이 많이 나오는데, 사용방법을 잘 준수하면 그다지 문제 되지 않아요.

알아두면 유용한 미용 관련 용품들

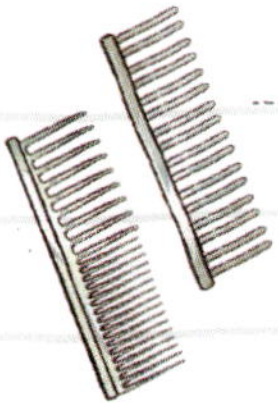

일자 빗:
장모종의 엉킨 털을 풀 때나
죽은 털 제거,
마무리 빗질 시 사용

돈모 빗 & 브리슬 빗:
단모종의 잔털을
제어하는데 효과적

안면 빗:
장모종의 얼굴 쪽 털을 빗길 때 사용

핀 빗:
북슬북슬한
장모종 빗질에 적당

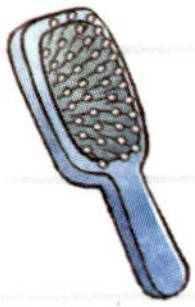

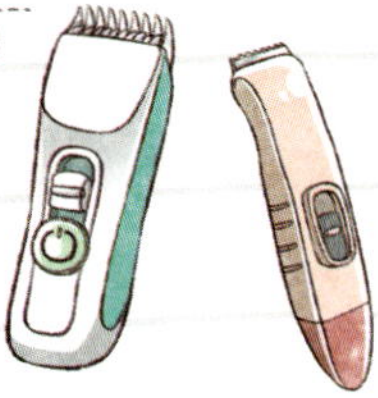

슬리커:
장모종 엉킨 털을
풀어줄 때 사용

이발기:
구매할 때 작동소리가
크지 않은지 체크

얼굴&발 전용
작은 헤드

개님 전용 미용가위:
사람들의 미용가위보다
날이 덜 예민

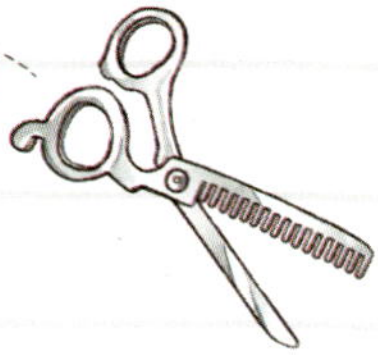

✔ 빗질 순서

순서:
머리 → 목 → 앞다리
→ 아랫배 → 측면/등
→ 엉덩이/꼬리/뒷다리

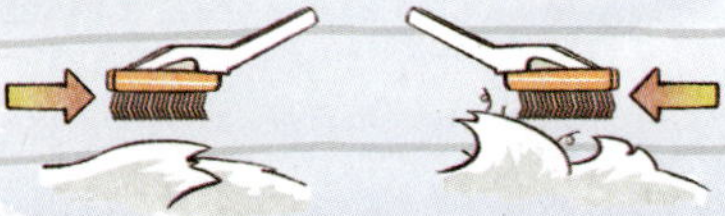

털 정리:
털의 방향으로

이물질을 털 때:
털 반대 방향으로

견종 이야기 26번째

믹스견 Mix

키, 체중, 크기, 외모, 성격, 색상 모두 부모 견의 특성에 따라 마이너스적인 면은 사라지고 장점만 취해 튼튼하고 장점이 극대화되는 개님이에요. 단, 부모 중 견종에 따라 잘 걸리는 질병도 물려 받았을 수 있으니 부모 쪽 질병에 관해 주의하고 신경써야 해요.

Part 5. 청결한 개님

Part 6
개님과 쇼핑

01. 장난감, 훈련용품
02. 이동장, 안전용품
03. 외출 필수품
04. 패션 용품

01
장난감, 훈련용품

장난감을 오래 가지고 노는 팁

장난감을 가지고 놀지 않을 때는 반려견이 꺼낼 수 없는 곳에 두는 것도 좋아요. 장난감이 계속 바닥에 굴러다닌다면 반려견의 호기심과 관심이 줄어들게 됩니다. 또한, 주인이 꺼내주는 행동을 하면 주인에게 집중하게 되기도 하고요.

#1 친구를 소개합니다

교육에 활용하는 클리커

주인이 원하는 행동을 했을 때 버튼을 누르면 딸깍(클릭) 소리가 나요. 소리를 낸 뒤 바로 간식을 주면서 포상하면 소리와 함께 간식이 온다는 것을 알게 되죠. 이때 절대 일체 다른 말은 하지 않는 것이 중요합니다. 청각 안내견, 보조견, 맹인안내견 등도 클리커 훈련을 받아요. 관련 서적도 있으니 관심 있는 분들은 찾아보세요.

#장난감 종류 #지능형 장난감

장난감 종류에는 어떤 것들이 있나요?

무료함을 달랠 수 있는 장난감들이 시중에 많이 나와 있어요. 물때마다 '삑삑' 소리가 나는 장난감은 개님의 기분을 달래 줄 수가 있고, 굴리면서 간식을 빼 먹는 장난감도 호기심 많은 개님에게는 좋은 장난감이에요. 활동성이 강한 개님들을 위해서는 외부에서 하는 공놀이 원반 놀이도 좋은 장난감이죠.

  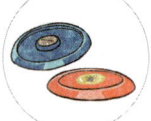

지능형 장난감에 먹이를 주면 스트레스 받지 않을까요?

스트레스를 받을 정도로 개님들의 IQ는 낮지 않아요. 오히려 더 재미있어하고 다른 스트레스를 예방할 수 있어요!

나의 반려견과 가장 잘 어울리는 장난감은?

YES →
NO ⇢

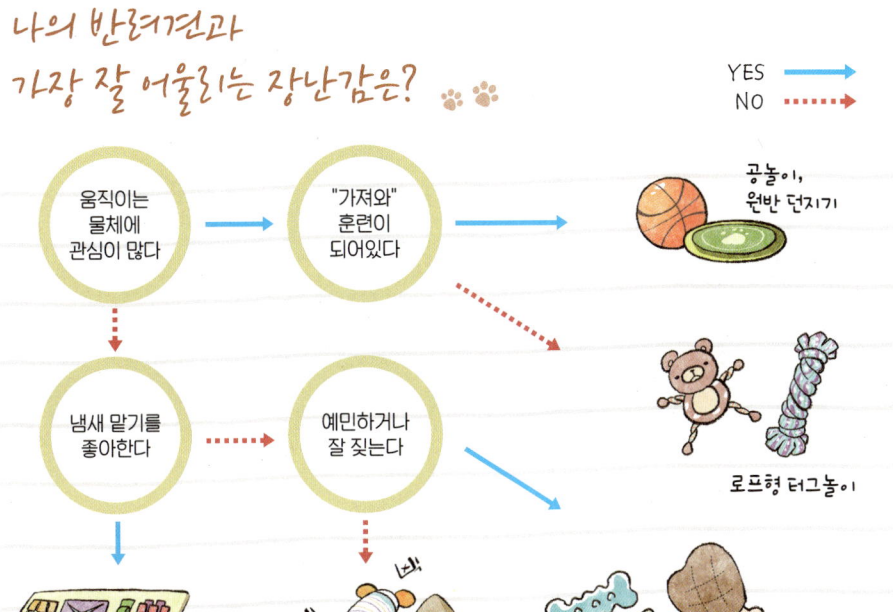

견종 이야기 27번째

미니어처 핀셔 Miniature Pinscher

- 고향 독일
- 체중 4~5kg
- 크기 소형
- 외모 호리호리하지만 다부진 외형. 큰 눈망울, 쫑긋 선 귀
- 성격 두려움이 없고 자신감 넘침
- 운동량 많음
- 유의 질병 탈구, 골절, 백내장, 녹내장, 탈모
- 색상 붉은색, 검은색, 검은색&황갈색, 초콜릿색&황갈색
- 친화성 낮음
- 털 빠짐 보통

작은 몸에 비교해 자신감도 높고 영리해 낯선 사람에게서 주인을 지킬 줄 아는 충성심 높은 개냄이에요. 보호 본능이 강한 나머지 잘 짖고 상태에 따라 무는 경우도 있으니 조심해야 해요. 작은 겉모습과 달리 힘이 넘쳐 매일 운동과 산책으로 건강을 관리해주세요. 단 뼈가 가늘어 골절과 탈골의 위험이 있으니 점프나 거친 운동은 피해주세요. 학습능력도 높고 상황판단도 뛰어나 훈련하기 어렵지 않지만, 자존심이 강해 가끔 히스테리를 부리기도 하니 애정을 담아 훈련해주세요.

02 이동장, 안전용품

#1 이동장은 필수

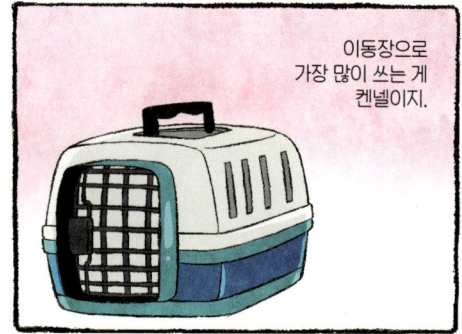

이동장으로 가장 많이 쓰는 게 켄넬이지.

긴급상황에도 유용한 켄넬

반려견과 잠시 떨어져 있는 훈련을 하거나, 차량 이동 시에 안전을 위해, 혹은 어쩔 수 없이 한정된 공간에서 지내야 할 때도 켄넬을 사용해요. 자연재해가 많은 일본의 경우 혹시 모를 상황에 대비해 켄넬과 개님 비상용품을 챙겨두는 집도 많아요.

몸이 작은 개님은 이렇게 이동하기도 해.

두 마리 이상 이동할 때 개님 유모차가 유용하지.

편하게 이동하는 것 같지만, 반대로 생각해보면 이동장도 나는 꽤 스트레스라고요!

그럴 수도…

#2 안전용품은 기본

부드러운 소재의 엘리자베스 카라

상처를 입거나 수술을 했을 때 상처 부위를 핥지 못하게 할 때 사용해요. 세균에 노출되거나, 발톱으로 긁어 상태가 악화하는 것을 막아 주지요. 하지만 개님에겐 스트레스가 될 수 있기 때문에 기존의 플라스틱 소재에서 **부드러운 패브릭, 튜브 형태 혹은 기존의 플라스틱 카라에 천으로 케이스를 만들어 수선해서 사용하는 경우**도 있어요.

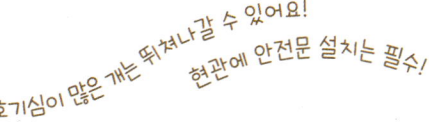

Part 6. 개님과 쇼핑   131

궁금해요

#하우스 #카시트

켄넬, 하우스 등에 들어가지 않으려는 반려견, 어떻게 하죠?

A 가장 쉬운 방법은 그 안에 개님이 가장 좋아하는 간식을 넣어주는 거예요. 안에 들어갔을 때 좋아하는 간식이 있다면 대부분 계속 들어가려고 하니까요.

Q 아! 좋은 추억 프로젝트!

카시트 고르는 팁이 있나요?

체구에 맞는 켄넬이나 카시트를 해주는 것이 중요해요. 운전 시 켄넬에 넣지 않거나 카시트를 하지 않는다면 커다란 사고를 부를 수 있으니 꼭 조심해주세요. 간혹 운전대에 앉아있는 개님을 보곤 하는데 정말 큰일이 날 수 있어요. 개님을 에어백으로 생각하시는 게 아니라면 절대 하지 말아야 할 행동이에요!

개님 안전을 위해 일상에서 할 일

✓ 반려견이 씹어 먹을 수 있는 화분이나 식물은 높은 곳에 매달거나 선반 등에 올려둔다.

✓ 화장실 용품, 세제 등은 높은 선반에 올려둔다.

✓ 쓰레기통은 뚜껑이 있고, 넘어져도 열리지 않는 튼튼한 것으로 바꾼다.

✓ 작은 물건들을 씹거나 먹을 수 있으니 반려견이 꺼낼 수 없도록 수납에 신경 쓴다.

✓ 부엌에서 음식물이나 조리 기구 등이 떨어지지 않도록 주의한다.

 **견종 이야기** 28번째

아메리칸 불리 *American Bully*

- 🐾 고　　향　미국
- 🐾 체　　중　30~50kg
- 🐾 크　　기　중형
- 🐾 외　　모　짧고 튼튼해 보이는 근육질 몸매
- 🐾 성　　격　순하고 애교가 많음. 인내력이 강함
- 🐾 운 동 량　많음
- 🐾 유의 질병　체리아이, 호흡기 증후군
- 🐾 색　　상　다양한 색상
- 🐾 친 화 성　높음
- 🐾 털 빠짐　보통

떡 벌어진 가슴과 근육질 몸매의 아메리칸 불리는 핏불 테리어와 스탠포드셔 테리어를 교배시켜나온 개님이에요. 핏불 테리어의 개성 있는 외모와 강한 충성심, 스탠포드셔의 사교성을 가지고 있어 애교가 많답니다. 순한 성격을 가졌지만 넘치는 활력과 힘 때문에 사고가 날 수 있으니 주의해주세요. 인내심도 강해 아파도 내색하지 않을 수 있으니 늘 관심과 애정으로 지켜봐 주세요.

03 외출 필수품

#1 목줄, 하네스(가슴줄)

하네스(가슴줄)를 사려면?

개님이 한참 성장하고 난 뒤에 기존에 샀던 하네스(가슴줄)가 맞지 않아 못쓰게 되는 경우가 있어요. 처음부터 무조건 비싼 제품을 사면 후회하겠죠? 개님의 성향, 산책 장소와 패턴 등을 경험하면서, 1년 후 성견이 되었을 때 디자인, 재질 등을 고려해 제품을 구매하는 게 좋아요.

자동 리드줄, 돌발상황에는 위험해요!

줄 길이를 자유롭게 조절할 수 있는 자동 리드줄은 편리하고 인기가 많아요. 하지만 활발한 개님은 어디로든 뛸 수 있고 흥분할 수 있어, 자동 리드줄을 잘못 사용하면 오토바이나 자동차에 큰 사고를 당할 수 있어요. 또한, 갑자기 나타난 사람에게 달려들거나 새나 고양이에게 달려들어 위험한 상황이 될 수 있으니 조심 또 조심!

#목줄, 리드줄 추천

추천하는 목줄, 리드줄이 있나요?

🅐 피부상태와 성격에 따라 목줄을 하거나 하네스를 선택 할 수 있어요.

🅠 어떤 개님이 하네스를 하는 게 좋을까요?

🅐 목줄만 채우면 벗어나려고 하는 개님에게는 하네스를 채워주세요. 간혹 너무 세게 조여 피부가 상하는 경우가 있으므로 줄을 채울 시 주의해주세요.

🅠 리드줄 길이와 선택에도 조언 부탁 드립니다!

🅐 역시 집사가 제어를 할 수 있는 길이를 선택하는 것이 좋아요. 줄을 물어뜯는 습성이 강한 개님이라면 좀더 강한 와이어줄을 선택하는 게 좋을 수 있고요.

목줄 하기 싫어하는 개님

고집이 센 중형견의 경우 목줄을 하지 않겠다며 거부하는 개님도 있습니다. 입양한 뒤 목줄이나 하네스를 착용해 본 뒤 거부감이 있다면 평소에 목에 손수건을 둘러주거나 신발 끈, 스카프 등을 둘러주며 적응할 수 있도록 돕는 것도 좋은 방법이에요.

스카프한 라우~

부드러운 스카프

견종 이야기 29번째

불 테리어 Bull Terrier

- 고 향: 영국
- 체 중: 20~25kg
- 크 기: 중형
- 외 모: 근육질 몸매, 긴 얼굴, 개성 있는 눈
- 성 격: 명랑함, 행동에 제재 받을 시 공격적
- 운동량: 많음
- 유의 질병: 유전성 난청, 심장질환, 부스럼증
- 색 상: 흰색, 흰색&검은색, 흰색&붉은색 반점
- 친화성: 보통
- 털 빠짐: 보통

명랑한 성격의 불 테리어는 매우 활발한 개님이에요. 주인과 지인에게는 어리광도 부릴 만큼 애정과 힘이 넘치지만, 기분이 상했을 때는 갑자기 공격적인 모습을 보이기도 하니 주의해주세요. 고집도 센 편이라 훈련이 쉽지 않지만 원래 주인의 지시를 잘 따르는 순종적인 성격이라 훈련방법에 따라 빠르게 기술을 배울 수 있으니 불 테리어에 맞춰 교육해주세요. 근육질 몸만큼 체력도 좋은 편이라 매일 운동과 산책이 필수랍니다.

04
패션 용품

추울 때는 옷을 입어도 좋아요!

대부분 개님은 추위보다 더위에 약하지만, 체온 유지를 위해 추위에도 대비하는 것이 좋아요. 집안이 춥거나 겨울 산책의 경우 체온 유지를 위해 옷을 입혀주는 것을 추천해요. 만약 옷을 입기 싫어한다면 입고 벗기 편한 찍찍이 형태로 신축성이 좋은 재질을 찾아보세요.

재질에 따라 피부에 부담을 줄 수 있어요!

우비 선택은 꼼꼼히 비교 후에!

시중에 판매하고 있는 우비의 종류는 정말 다양합니다. 제품마다 장단점이 있으니 꼼꼼히 따져보시고 구매해주세요. 이를테면 가슴 쪽이 뻥 뚫려 산책 다녀오면 배 아래쪽이 흙탕물로 엉망이 된다던가 방수 기능을 하지 못해 보슬비에도 털이 젖는, 말만 우비인 경우도 있습니다. 모시는 개님의 활동성과 상황에 맞게 선택하세요.

Part 6. 개님과 쇼핑

#체온유지 #추위에 약한 견종

옷이 꼭 필요한 때는 언제인가요?

A 외출 시 날씨가 추울 때 체온 유지하는 데 필요할 수 있어요.

Q 옷을 입기 싫어하는 경우에 방법이 있나요?

A 그건 불편해서 그럴꺼에요. 좀 더 넉넉한 사이즈를 입혀 활동에 지장을 주지 않도록 하는 방법이 있어요. 또한 옷을 입힌 후 충분한 보상을 해주는 것도 방법이에요.

Q 옷을 입기 싫어하는 개님에게 예쁜 옷을 입혀 볼 수 있는 기회네요!

A 집사의 욕심보다 개님의 건강을 고려해서 옷을 선택해주세요.

Q 네에…

추위에 약한 견종이 따로 있나요?

털이 짧거나 이중모가 아닌 개님, 체지방이 적은 개님들의 경우 추위에 약해요.
요크셔 테리어, 퍼그, 미니핀, 파피용, 말티즈, 프렌치 불도그, 샤페이, 닥스훈트, 치와와, 비글 등이 있어요.

화려한 옷과 액세서리보다는, 꼼꼼한 건강관리를!

혹시 소비를 통해 반려견에게 보상을 해주려 하는 건 아닐까요? 멋진 옷과 액세서리는 결국 반려견을 위한 것이 아닐 수 있어요. 꼭 필요한 옷과 액세서리를 제외하고 불필요한 것에 소비하지 않는 것을 추천해요.

개님은 우리의 인형이 아님을 명심하세요.
쇼핑은 개님의, 개님에 의한,
개님을 위한 쇼핑이 되어야 합니다.

견종 이야기 30번째

진돗개 Jindo Dog

고 향	대한민국			
체 중	16~25kg	크 기	중형	
외 모	팔각형의 얼굴형, 쫑긋한 삼각형의 귀			
성 격	충성심이 높음, 귀소본능이 뛰어남			
운동량	많음			
유의질병	갑상선기능부전			
색 상	흰색, 검은색, 재색, 황색			
친화성	낮음	털빠짐	보통	

진돗개는 천연기념물 제53호로 지정된 한국의 대표적인 토종견으로 충성심이 높고 귀소성이 뛰어나 한번 따른 주인을 잊지 못하기 때문에 새끼 때부터 키우지 않았다면 다시 전 주인을 찾아 돌아가는 일도 종종 있답니다. 한 주인만 섬기기 때문에 군견, 맹인훈련 등으로 훈련을 시켜도 주인 이외의 명령에는 임무수행이 불가능해 특수활동 견으로는 부적합 하다는 판정을 받기도 하고, 주인 이외 낯선 이에게는 경계가 심하니 처음 다가갈 때는 주의해주세요!

Part 7
개님과 외출

01. 개님 산책 매너
02. 산책 시 주의점 I
03. 산책 시 주의점 II
04. 개님과 떠나는 여행

01 개님 산책 매너

#1 산책 준비물

개님에게 산책이 필요한 이유

산책을 통해 개님은 운동하고, 기분전환을 할 수 있어요. 소형견은 가볍게 걷고, 중·대형견은 충분히 달려 운동량이 부족하지 않게 해줍니다. 밖에서 다양한 냄새를 맡고, 다른 강아지들의 마킹 냄새를 맡으면서 친구들의 흔적을 찾는 등 실내와 다른 환경을 마주하는 것은 기분전환에도 매우 좋아요.

현관 앞에 미리 산책 가방을 준비해주세요.

누군가와 마주쳤을 때!

어린이, 노인, 임산부 등 사람을 만났을 때는 무조건 조심! 아무리 작은 개라도 개를 무서워하는 사람이 있어요. 산책 나온 다른 개님을 만나는 것도 흥분의 원인이 됩니다. 서로 관심이 있다면 똥꼬 냄새를 맡으며 인사를 하게 하고, 싸움이 난다면 빨리 줄을 당겨 분리해주세요. **싸움이 났을 때 말린다고 절대 개님을 들어 안는 행동은 금물입니다.** 혼나는 것이 아니라 주인의 사랑을 받는다고 착각할 수 있어요!

궁금해요

#산책의 중요성

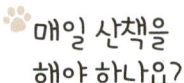
매일 산책을 해야 하나요?

A 일반적으로 하루에 2번 20분씩 산책을 하는 것이 가장 좋지만, 상황에 따라 산책을 시켜야겠죠.

Q 산책은 횟수가 중요한가요, 시간이 중요한가요?

A 둘 다 중요해요. 하지만 개님의 상태에 따라 맞춰줘야 해요.

Q 어려워요… 어떤 경우가 있나요?

A 산책을 좋아하지만, 심장병이 있는 개님은 횟수는 늘리되 시간은 줄여야 해요. 개님들은 충성심이 강하기 때문에 아프더라도 부르면 심장이 터지도록 달릴 수도 있기 때문이에요.

Q 안돼!!! 아프지 말아요~ 개님!!!

산책도 하고 건강 관리도 하는 일거양득 산책 팁!

평소에 귀 청소나 발톱 깎기에 어려움이 있나요? 산책을 좋아하는 반려견이라면 산책 겸 나들이를 나갔을 때 다른 장소에서 시도해보세요. 실내와는 다른 외부에서는 반려견의 기분이 좋아져 반응이 다를 수 있어요.

Tip!!
- 냄새를 맡고 마킹 하고 싶은 일이 있는 산책 초반에 해주는 것이 좋아요.
- 발톱은 한 번에 다 자르지 말고 걷다가 한 개씩 자르는 것이 좋아요.
- 귀 청소, 발톱 깎기 등을 하고 난 뒤에는 간식으로 보상을 해주세요.

견종 이야기 31번째

도베르만 Dobermann

- 고 향: 독일
- 체 중: 32~45kg
- 크 기: 대형
- 외 모: 윤기 있고 촘촘한 짧은 털, 적갈색 무늬
- 성 격: 경계심이 강함, 주인에게 순종적이고 충직함
- 운동량: 많음
- 유의질병: 피부염, 모낭형성부전, 확장형 심근증, 위염, 도베르만 무도병
- 색 상: 검은색&적갈색 무늬
- 친화성: 보통
- 털 빠짐: 보통

광고나 드라마, 영화에서 강한 이미지의 캐릭터들과 함께 자주 등장하는 카리스마 있는 도베르만은 외모같이 날렵하고 충직한 성격으로 침입자로부터 집과 집사를 지키는 훌륭한 개님이에요. 군견, 경찰견, 경비, 탐색, 구조 등 각 분야에서 활약하기도 한답니다. 강한 모습의 개님 이지만 털이 짧기 때문에 보온에 꼭 신경을 써줘야 한답니다.

02
산책 시 주의점 I

첫 산책은 언제? 어떻게?

사회 적응 기간 산책은 면역력이 약하므로 다른 개를 만나는 것은 피하는 것이 좋아요. 예방접종이 끝난 후에는 집 앞을 비롯한 가까운 곳부터 자주 산책하러 나가는 것을 추천해요. 주변 사람, 식물, 자동차나 기타 밖에서 마주치는 모든 것에 대해 경험하며 두려움이나 경계심을 해소하는 시간이 중요합니다.

#1 이상과 현실

#2 산책 후 귀가

산책을 거부하는 개님은?

모든 개님이 산책을 좋아하는 것은 아니고, 소심하거나 예민한 개님은 산책을 거부할 수 있어요. 잠시 집 밖을 나가는 연습을 하거나, 집 주변의 한적한 길을 찾아두고 잠시 걸어보는 것도 좋은 방법이죠. 간식이나 호기심을 자극하는 소리 나는 물체를 이용하는 것도 좋아요.

#산책 거부 #패티켓

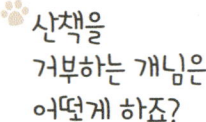 산책을 거부하는 개님은 어떻게 하죠?

A 차근차근 시도해주세요. 첫술에 배부를 순 없으니까요.

Q 좀 더 구체적으로 시도해 볼만한 방법이 있나요?

A 산책은 중요하므로 습관이 중요해요. 처음에는 안고 나가거나, 반대로 외부 환경에서 접할 수 있는 나뭇잎이나 돌 등을 집안에 가지고 와 미리 냄새 맡게 하는 방법도 있어요. 또한, 집안에서 여러 재질(금속, 나무 등등)을 밟아보게 하는 경험도 좋은 방법입니다.

Q 집안에 낙엽을 들고 들어온다… 왜 이런 생각을 못 했을까요?

A 자주 나가다 보면 장소가 안심이 될 테고 이때 살며시 내려놔 보는 거예요. 이때 불안해하면 다시 안고, 조금씩 시간을 늘리면서 장소도 넓히고, 다른 개체도 만나게 한다면 산책을 좋아하는 개님으로 성장할 거예요.

Q 어렵지 않네요~

 반려견, 반려인의 매너를 알려주세요.

A 요즘 패티켓이란 단어가 유행인데 나에게 사랑스러운 반려견이 타인에게는 무섭거나 두려운 존재일 수도 있다는 것을 인지해야 해요.

Q 그러고 보니 저도 라무와 함께 하기 전엔 무서워했었네요…

A 개님들은 낯선 곳, 낯선 냄새에 관심이 많아요. 어떤 장소에 집중해서 냄새를 맡기도 하고 코를 박고 떠나려 하지 않는 경우도 있죠. 이땐 통행에 불편을 주지 않게 줄을 짧게 잡고 개님에게 충분한 시간을 주세요.

Q 줄을 짧게! 그리고요?

A 기본이지만 잘 지켜지지 않는 것 중 하나가 대변처리에요. 대변 봉투는 외출할 때 항상 지참하는 거 잊지 마세요. 개님 산책 중 타인의 문 앞에 소변을 실례하지 않도록 나오자마자 자기 집 앞에서 볼일 보는 훈련을 하는 것을 추천해요.

Q 소변은 생각 못했네요…

A 마지막으로 마킹이 잦고 실내로 이동한다면 매너 벨트를 이용하는 방법도 있어요.

산책 후에 꼭 확인해주세요!

✓ 발바닥 패드가 상하거나 피가 나진 않는지

✓ 발바닥 패드 사이 피부에 가시, 오물이나 상처가 없는지

✓ 관절염, 염좌 등 다리에 이상이 없는지

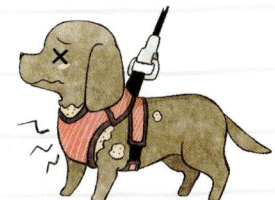

✓ 귀가 덮인 개님의 경우 귀 안이 더러워지진 않았는지

✓ 목줄이나 하네스(가슴줄)에 의해 탈모나 습진이 있는지

✓ 진드기, 벼룩 등이 몸에 붙어 있지는 않은지

견종 이야기 32번째

비글 Beagle

🐾 고 향	영국	
🐾 체 중	18~27kg	🐾 크 기 중형
🐾 외 모	늘어진 귀, 마스카라를 한 거 같은 눈	
🐾 성 격	쾌활, 명랑함	
🐾 운동량	많음	
🐾 유의 질병	외이염, 백내장, 비만, 간질, 녹내장, 악성 림프종	
🐾 색 상	흰색&검은색&황갈색	
🐾 친화성	보통	🐾 털 빠짐 적음

비글은 사랑스러운 외모와 애교 많은 성격의 개님이에요. 하지만 사냥개였던 본능이 있어 활동량, 짖음으로 주변에 피해를 줄 수도 있으니 교육이 필요해요. 식탐이 많고 살이 찌기 쉬운 편이니 규칙적인 관리로 비만을 예방해주세요.

03 산책 시 주의점 II

#1 한여름의 산책길

한여름, 이런 점이 위험!

여름의 뜨거운 아스팔트는 발바닥 패드에 상처를 줄 수 있어요. 한낮에는 산책을 피하고 해가 졌더라도 아스팔트가 충분히 식은 뒤 나가는 것을 추천해요. 그리고 더운 여름에 차 안에 반려견을 혼자 두는 것은 아주 위험합니다. 여름철 산책에는 진드기나 기생충에 더 유의하고 미리 심장사상충 약을 투여하거나 발라주세요.

#2 밤 산책, 라무 어딨니?

밤 산책에 주의할 점!

한여름이나 시간이 부족할 때는 밤 산책을 추천해요. 밤 산책에는 밤에도 식별이 가능한 형광 목줄, 반사 테이핑이 되어 있는 하네스를 착용하고, 반짝이는 LED 명찰 등을 달아주면 좋아요. 이물질을 먹지 않도록 주의하고 밤에는 특히 개님이 싸놓은 배변을 못 찾을 수도 있으니 한시도 눈을 떼지 마세요!

Part 7. 개님과 외출 · 153

궁금해요

#이물질 섭취 #산책도 상황에 따라

산책하며 이물질 섭취 시 대처 방안은요?

🅐 당연히 먹지 못하도록 주의하는 것이 가장 중요하죠! 개님에게 늘 주의를 기울여 주세요.

🅠 선생님… 그래도 혹시 만약에…

🅐 만약 섭취 시 이물질에 따라서 위험할 수도 있으니 빨리 병원에 가는 게 가장 좋아요.

🅠 개님에게 눈을 떼지 않는 게 좋겠군요!

산책을 피해야 하는 경우가 있을까요?

🅐 미세 먼지 농도가 높은 날에는 되도록 자제해야 하고, 만약 산책했다면 충분히 수분 공급하고 물수건으로 몸 전체를 닦아주세요.

🅠 안 나가면 많이 서운해할 텐데요… 사실 전 편하지만…

🅐 그럴 때는 집안에서 다양한 놀이문화로 대체하는 방법이 있지요.

산책할 수 없을 때는 이렇게!

여러 가지 상황과 이유로 산책을 못 하는 날에는
다양한 놀이문화를 만들어주세요.
사료를 집안 곳곳에 숨겨 찾아 먹게 하는 놀이를 하거나
반려견의 방석을 집안 다른 곳을 옮겨 생활 환경을 조금 새롭게 해주면 좋아요.
무료해진 기분을 전환할 수 있도록 함께 놀이하는 것도 좋습니다.

✔ 구하기 쉬운 택배 상자를 준비해 잠시 놀아봅시다!

① 택배 상자를 집안 곳곳에 둡니다.
② 처음에는 상자마다 사료를 넣어 찾아 먹을 수 있게 해 줍니다.
③ 두 번째부터는 모든 상자에 사료를 넣는척하되 몇 군데는 넣지 않습니다.
④ ③을 다양한 패턴으로 반복한 뒤, 다음에는 사료를 넣은 상자를 멀리 던져 움직이게 합니다.
⑤ 지루하지 않도록 패턴을 변경하며 다양하게 놀아줍니다.

견종 이야기 33번째

래브라도 리트리버 Labrador Retriever

🐾 고 향	캐나다
🐾 체 중	23~36kg
🐾 크 기	대형
🐾 외 모	긴 꼬리, 털 짧은 골든 리트리버
🐾 성 격	친절하며 높은 지능과 인내심이 강함
🐾 운동량	많음
🐾 유의질병	고관절 형성부전, 관절염, 비만, 백내장, 안검외반
🐾 색 상	상아색, 검은색, 초콜릿색
🐾 친화성	높음
🐾 털 빠짐	보통

털이 짧은 골든 리트리버가 생각나는 이 개님은 황금빛 단색인 골든 리트리버와 달리 상아색, 검은색, 초콜릿색으로 나뉘어요. 닮은 외모만큼 성격 또한 비슷한데 친화적이고 머리가 좋아 경비견, 조난 구조견, 마약 탐지견 등 사회의 많은 분야에서 활약하고 있답니다. 사람을 잘 따르고 적응력도 뛰어나 집사와 집사의 주변 사람들에게 좋은 친구가 될 수 있는 멋진 개님이지요. 단 아무리 좋은 개님이라도 대형견인만큼 힘이 세니 안전에 주의해주세요!

04 개념과 떠나는 여행

여행 준비는 미리미리!

1) 어디로 갈지, 교통수단과 무엇을 할지 계획하기.
2) 숙박을 할 예정이라면 반려견 동반이 가능한 곳 미리 알아보기.
3) 여행 장소 주변에 개념과 함께 할 놀이 공간이 있는지 알아보기.
4) 카시트나, 이동장(켄넬) 준비
5) 여행준비물 챙겨두기 – 인식표, 목줄(하네스), 리드줄, 사료(간식), 배변패드, 개념 응급키드 등등

#2 멀미가 뭐에요?

드라이브도 준비가 필요해요.

개님이 먹을 수 있는 멀미약이 있어요. 멀미하는 데 어쩔 수 없이 장거리 드라이브를 가야 한다면 동물병원에서 멀미약 처방을 미리 받아주세요. 평소에 짧은 드라이브를 종종 하면서 차 타기에 익숙하도록 유도해 주는 것을 추천해요.

Part 7. 개님과 외출

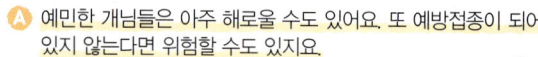
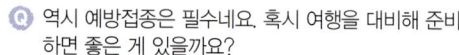

#장거리 외출

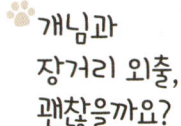
개님과 장거리 외출, 괜찮을까요?

A 예민한 개님들은 아주 해로울 수도 있어요. 또 예방접종이 되어 있지 않는다면 위험할 수도 있지요.

Q 역시 예방접종은 필수네요. 혹시 여행을 대비해 준비하면 좋은 게 있을까요?

A 멀미를 하는지, 한다면 멀미약을 준비하고, 장거리 여행 전 단거리 여행을 경험해 학습시키는 방법도 있어요.

Q 체크! 체크! 또 주의할 점이 있나요?

A 우리 개님이 여행이 가능한 여건이 되는지 파악하는 게 가장 중요해요.

비행기, 열차 등 대중교통 탑승 안내

🐾 비행기(항공사, 나라마다 규정이 다르므로 확인이 필요)
① 대체로 생후 8주 이상, 임신 중이 아니면 탑승 가능.
② 체중에 따라 기내 혹은 수화물 칸에 탑승이 정해짐.
③ 목적지가 반려동물 반입을 금지하는 나라인지 확인 필수.
④ 주인 정보가 담긴 마이크로 칩 이식 필요.
⑤ 동물병원에서 출발 30일 전, 1년 이내의 광견병 예방접종을 한 기록 준비.
⑥ 항공사 이외에 별도로 입국하려는 나라별로 필요한 검사 항목과 서류 준비.

🐾 열차(KTX, SRT 등) - 이동장에 넣고 탑승할 수 있음
승무원이 예방접종 기록 확인을 요구할 수 있으니 챙겨두는 것을 추천. 일반석에 타도 되지만 기왕이면 특실을 추천. (사람이 적고 좌석이 넓어 일반석보다 심리적으로 편하다.)

🐾 기타 대중교통(버스, 지하철, 택시 등)
이동장에 넣고 버스나 지하철 탑승이 가능. 택시의 경우 반려동물 이동을 돕는 펫택시 이용을 추천.

견종 이야기 34번째

보더 콜리 *Border Collie*

- 🐾 고 향 영국
- 🐾 체 중 18~23kg
- 🐾 크 기 중형
- 🐾 외 모 긴 다리와 복실한 털, 길고 풍성한 꼬리
- 🐾 성 격 민첩하고 의욕적, 사람을 잘 따름
- 🐾 운동량 많음
- 🐾 유의질병 견골 연골증, 유전성 난청, 간질, 백내장, 콜리 눈이상
- 🐾 색 상 검은색, 황갈색&흰색
- 🐾 친화성 높음
- 🐾 털 빠짐 많음

양치기 개로 유명한 보더 콜리는 사람을 돕는 일을 잘 하는 훌륭한 개념입니다. 학습능력과 운동능력도 뛰어나 지금은 프리스비나 어질리티 등 도그 스포츠에서 두각을 나타내고 있어요. 단 똑똑한 만큼 일관된 자세로 훈련과 명령을 하지 않을 경우 주인에게 신뢰를 잃을 수도 있으니 훈련할 때는 진지한 태도로 임해주세요. 산책을 시킬 때 충분히 운동량을 채워주지 못하면 스트레스를 받으니 운동량에 늘 신경 써주세요.

Part 8
노년과 이별

01. 나이든 개님   02. 아주 멀리 떠나다

01
나이든 개님

#1 이러쿵 저리쿵, 노견 일상

여기저기 자꾸 부딪히는 것이 일상

노견은 부딪히고 다치는 것이 일상이 됩니다. 안정적으로 움직일 수 있는 전용공간을 만들어 주는 것도 좋아요. 잠깐이라도 산책하는 것이 좋고, 산책이 힘든 노견인 경우 소형견은 안아서, 중형견 이상은 유모차를 태워 바깥 공기를 맡고 기분전환 시켜주는 것이 좋아요.

노견은 관절, 내장 등의 노화로 쇠약해져요.

#2 우리 개님이 치매라니

**개님 치매,
이런 점이 힘들어요.**

낮 동안에 무기력하고 반응이 없다가 밤새도록 잠을 자지 않고 울거나 짖고, 빙글빙글 같은 자리를 돌아다녀요. 가장 힘든 일은 스스로 배변 활동을 할 수 없어질 때. 치매견을 간호하는 반려인은 심한 스트레스를 받기도 해요.

Part 8. 노년과 이별

궁금해요

#치매약 #치매견 간호시설 #안락사 해외 사례

개님 치매에도 복용 약이 있나요?

개님들도 치매 증상을 테스트할 수 있는 매뉴얼이 각각의 동물병원에 준비되어 있어요. 또한, 치매 증상을 완화 시킬 수 있는 약들도 갖춰져 있고요. 다만 사람과 마찬가지로 치매는 100% 치료는 없다는 건 참고해야 해요.

치매견을 위한 간호 시설이 있나요?

최근 동물병원들이 특화되는 경향들이 있기 때문에 앞으로는 생길것이라 생각되지만, 치매만을 위한 특화된 동물병원이나 시설은 아직 없어요.

반려견 안락사 해외 사례를 말씀해주세요.

우리보다 반려견 문화가 일찍 자리 잡은 해외는 노견이나 심한 병을 앓고 있는 반려견의 안락사 경우가 있어요. 안락사가 정해지면 온 가족이 함께 모여 즐거웠던 추억을 공유하고, 마지막 날을 조촐한 파티 등을 통해 행복한 시간을 보내고 수의사의 집도 아래 안락사를 진행해요. 하지만 안락사는 하나의 방법일 뿐이며 수의사와 충분한 상의를 하고 반려견의 상태를 지켜보며 결정해야 합니다. 안락사 이후 자신의 선택에 매우 괴로워하는 집사들이 있어요.

욕창 방지를 위한 노견용 매트리스 만들기

① 푹신 푹신

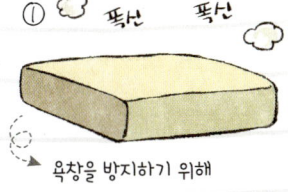

욕창을 방지하기 위해 바닥을 충분히 두꺼운 매트리스를 준비해주세요.

② 배변패드 / 랩·돗자리

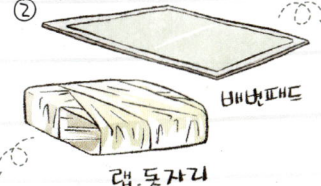

소리가 나지 않는 소재가 좋아요.

③

그 위에 수건 혹은 부드러운 비치타올 등을 깔아주면 노견용 매트리스 완성!

배변 활동을 자유롭게 하지 못해 실수할 수 있으니 매트리스는 랩, 돗자리 등으로 감싸고 흡수력이 좋은 배변 패드를 깔아 줍니다.

뼈와 근육이 약해진 노견은 자연스러운 활동이 어려워집니다.
걸을 수 없게 된 반려견이 주로 누워 생활하게 될 경우 욕창의 위험이 있어요.
아예 몸을 움직이지 못하는 노견은 30분에서 2시간마다 자세를 바꿔주어야 합니다.
욕창이 생기기 쉬운 부위는 얼굴, 견갑골, 관절 부분, 복사뼈 근처 등이에요.
이 부분들을 더 주의해서 관찰해주세요.

견종 이야기 35번째

차이니즈 샤페이 Chinese Shar-pei

- 고 향 : 중국
- 체 중 : 16~21kg
- 크 기 : 중형
- 외 모 : 쭈글쭈글한 주름살
- 성 격 : 다른 개들보다 주인을 잘 따름
- 운동량 : 많음
- 유의질병 : 안구질환, 구내염, 고관절이형성, 갑상선 저하
- 색 상 : 붉은색, 검은색, 황갈색, 미색
- 친화성 : 낮음
- 털 빠짐 : 많음

짧고 거친 털에 머리부터 얼굴을 덮고 있는 느슨한 주름이 매력인 차이니즈 샤페이는 기네스북과 타임지에 '세계에서 제일 진기한 개'로 이름이 올라갈 만큼 개성 있는 개념이에요. 가족을 잘 따르지만 낯선 사람을 경계하는 습성이 강하기 때문에 어렸을 때 사회화 훈련을 시켜줘야 해요. 지배적인 기질이 있어 다른 개념들과 함께하기는 힘들어요. 주름진 피부는 사이사이 잘 닦아 청결을 유지해주세요.

02
아주 멀리 떠나다

반려견 화장과
장례식장 알아두기

마음의 준비를 한다고 해도 막상 이별이 닥치면 반려인은 반려견을 잃은 슬픔을 감당하기 힘듭니다. 이별은 예고 없이 오곤 하니까요. 이를 대비해 미리 집과 가까운 반려견 화장터, 장례에 관해 결정해 두는 것을 추천합니다.

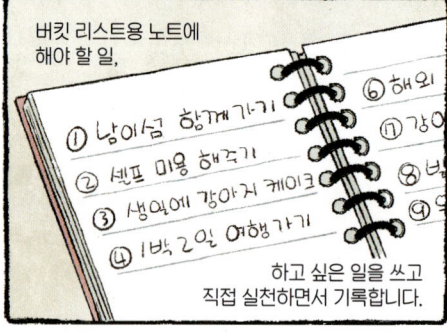

펫로스 증후군

반려견을 잃는 것은 가족을 잃었을 때와 비슷합니다. 허무함, 상실감, 우울증에 시달리거나 죄책감이나 분노 등을 느끼기도 합니다. 심리적 충격은 부모가 자식을 잃은 고통에 버금가는 것으로 알려져 있기도 해요. 슬픔을 솔직하게 표현하고, 충분히 애도의 시간을 갖으세요. 그리고 새로운 반려동물을 입양할 때는 시간을 충분히 두고 고민해야 해요.

궁금해요

#호스피스 케어

🐾 **반려견의 호스피스 케어 알려주세요.**

사람과 같아요. 살아가는데 있어서 삶의 질이 중요한 건 개님도 마찬가지에요. 최대한 사는 동안 통증케어와 환경케어를 해주는 겁니다.

🐾 **집에서 할 수 있는 호스피스 케어를 알려주세요.**

① 처방 받은 약 먹이기
② 충분한 산소 공급
③ 영양식 제공
④ 탈수 예방을 위한 수분공급
⑤ 배변 활동을 잘 하고 있는지 확인
⑥ 움직이지 못하더라도 유모차를 태워 산책하기
⑦ 미끄러지지 않도록 바닥에 매트 깔기
⑧ 욕창이 생기지 않았는지 계속 확인
⑨ 실내 온도 조절과 반려견 체온 확인
⑩ 귀나 몸을 살살 만져주며 마사지해주기 등이 있습니다.

최선을 다해 돌보고, 죄책감 갖지 말기!

우울증이 의심된다면 심리 전문가나 정신과 의사의 상담을 받는 것도 필요합니다. 약을 처방받거나 비슷한 경험을 한 사람들을 만나 대화하는 것도 도움이 돼요.

반려견이 좋은 반려인을 만나 행복했던 기억과 감정을 가지고 떠났다고 생각해주세요.

견종 이야기
36번째

보스턴 테리어 *Boston Terrier*

- 고 향 미국
- 체 중 4.5~11.4kg
- 크 기 중형
- 외 모 튼튼한 외형과 놀란듯한 눈, 둥근 얼굴형에 납작한 얼굴
- 성 격 온순, 예민
- 운동량 보통
- 유의 질병 백내장, 간질, 심장판막증, 심장마비
- 색 상 흰색&검은색
- 친화성 보통
- 털 빠짐 많음

예민한 성격이지만 공격적이지 않은 보스턴 테리어는 사람에게 우호적이라 집을 지키는 일에는 어울리지 않은 개냥이에요. 더위에는 약하기 때문에 한여름 산책은 피하고, 실내에서는 냉방으로 실내 온도를 관리해 줘야 해요. 활발하고 상황판단이 빨라 학습능력도 좋지만, 이 개냥은 훈련보다는 노는 것을 좋아해 훈련 시 놀이와 접목하는 방법을 이용해 학습시키는 것이 좋아요.

동양북스 장사들이 모시는 개님들

김반장 (킹 찰스 스패니얼)

집사 이름 : 나재승(마케팅총괄)
개님 나이 : 10살   모신 연수 : 10년
특기 : "아빠"라고 말을 함, 남들은 "앙앙"이라고 듣지만.

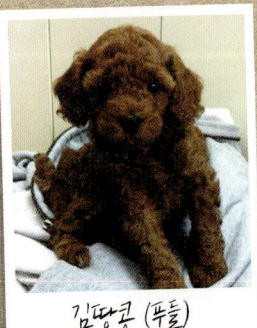

김땅콩 (푸들)

집사 이름 : 김효수(교재기획팀)
개님 나이 : 6살   모신 연수 : 6년차
특기 : 쉬 싸고 간식 달라고 보채기.
아~ 귀여워.....쥬금.

강승희 (푸들)

집사 이름 : 강석기(편집장)
개님 나이 : 9살
모신 연수 : 9년
특기 : 손하고 앉아는 기본,
가족만 아는 바보
(외부인에 까칠 함)

경식이 (말티즈)

집사 이름 : 졸리드박(단행본팀)
개님 나이 : 14살로 추정(GS 25 편의점 앞에서 구걸하던 유기견이었음)
모신 연수 : 12년
특기 : 빵, 차렷, 앉아, 일어나 전부 가능,
고양이 코스프레는 취미 생활

크림이 (말티즈)

집사 이름 : 방혜자(디자인팀)
개님 나이 : 6살   모신 연수 : 6년
특기 : 사람을 좋아하고 활발함, 신선한
물을 좋아함(받아놓은 물 안마심)

땅콩이 (믹스)

양갱군 (푸들)

집사 이름 : 현대순(제작팀)
개님 나이 : 7살(추정) 모신 연수 : 6년
특기 : 강한 정신력, 굴하지 않는 꿋꿋함, 무뚝뚝한 집사 맘을 녹인 장본인

집사 이름 : 양정화(강아지 집사 업무일지 편집자)
개님 나이 : 5살
모신 연수 : 2012년 12월 12일 탄생부터
특기 : 아찔한 뒤태 매력 발산, 하이파이브와 악수는 기본! 왼손/오른손, 오른쪽/왼쪽도 구분하는 똑순이!

꼬망이 (믹스)

집사 이름 : 민혜진(단행본팀)
개님 나이 : 15살   모신 연수 : 15년
특기 : 롱다리로 점프하기, 친한척 다가와 3초 안에 배신하기

최미미 (말티즈)

집사 이름 : 최여진(총무팀)
개님 나이 : 4살
모신 연수 : 2015년 2월~
특기 : "주세요~주세요~"라고 귀엽게 손을 모음, "꼬꼬" 인형을 잘 가져옴, "빵!" 하면 눕는 척을 잘함

동해 (믹스)

집사 이름 : 손경숙(외주자)
개님 나이 : 5살(추정)   모신 연수 : 3년
특기 : 사람 좋아하는 순둥이, 찰스 왕자같은 반전 매력이 있는 건 비밀

memo.

+
photo

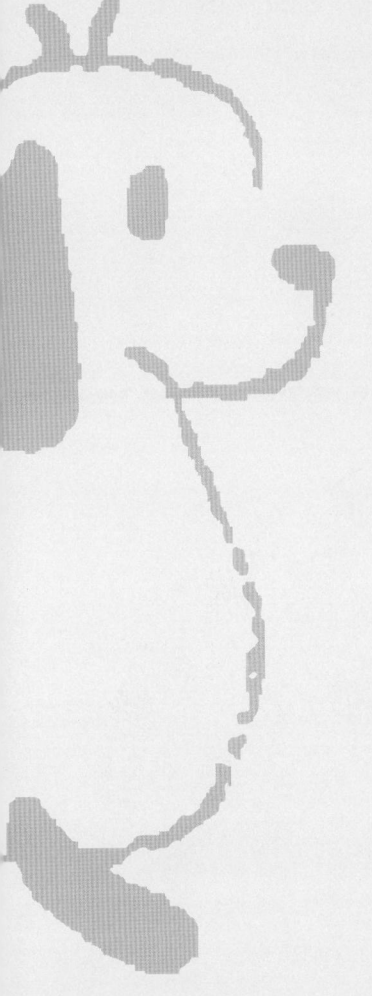

반려견 🐾

이름 Name ....
생년월일 D.O.B ....
성별 Sex ....
색 Color ....
품종 Breed ....
등록번호 ....

반려인 👤

이름 Name ....
주소 Address ....
전화 Phone ....

강아지 집사 다이어리

글·그림 오윤도 작가
자문·감수 차진원 수의사

동양북스

Contents

Part 1. 개님 라이프 이해하기

- 개님 몸무게 관리 ········· 8
- 개님의 일생 ········· 10
- 개님 성장기에 따른 Check List ········· 12
- 개님 약물 투여 방법 ········· 15

Part 2. 개님 건강수첩

- 이럴 때는 빨리 진찰받으세요! ········· 18
- 개님 기본 관리 프로그램 ········· 21
- 개님 예방접종 프로그램 ········· 43

반려견과의 모든 시간을 놓치고 싶지 않은
집사를 위한 다이어리

Part 3. 집사 일기장

- 스페셜데이 다이어리 ················· 68
- 데일리 다이어리 ······················· 88

Part 4. 집사 가계부

- 개님을 위한 적금 ···················· 100
- 집사의 월별 지출 ···················· 102
- 집사의 일별 지출 ···················· 104

부록 개님 스티커

Yearly Planner

1 January	2 February	3 March	4 April	5 May	6 June

7 July	8 August	9 September	10 October	11 November	12 December

Yearly Planner

1 January	2 February	3 March	4 April	5 May	6 June

7 July	8 August	9 September	10 October	11 November	12 December

- 몸무게 관리는 건강 관리에 가장 기본입니다.
- 개님의 성장 단계를 이해해주세요.
- 개님 성장 시기에 맞게 관리해주세요.

Part 1.
개념 라이프 이해하기

- ☑ 개념 몸무게 관리
- ☑ 개념의 일생
- ☑ 개념 성장기에 따른 Check List

개념
몸무게 관리

정기적으로 몸무게를 기록하세요.
체중 변화는 발육 & 건강상태를 알 수 있는 중요한 단서입니다.

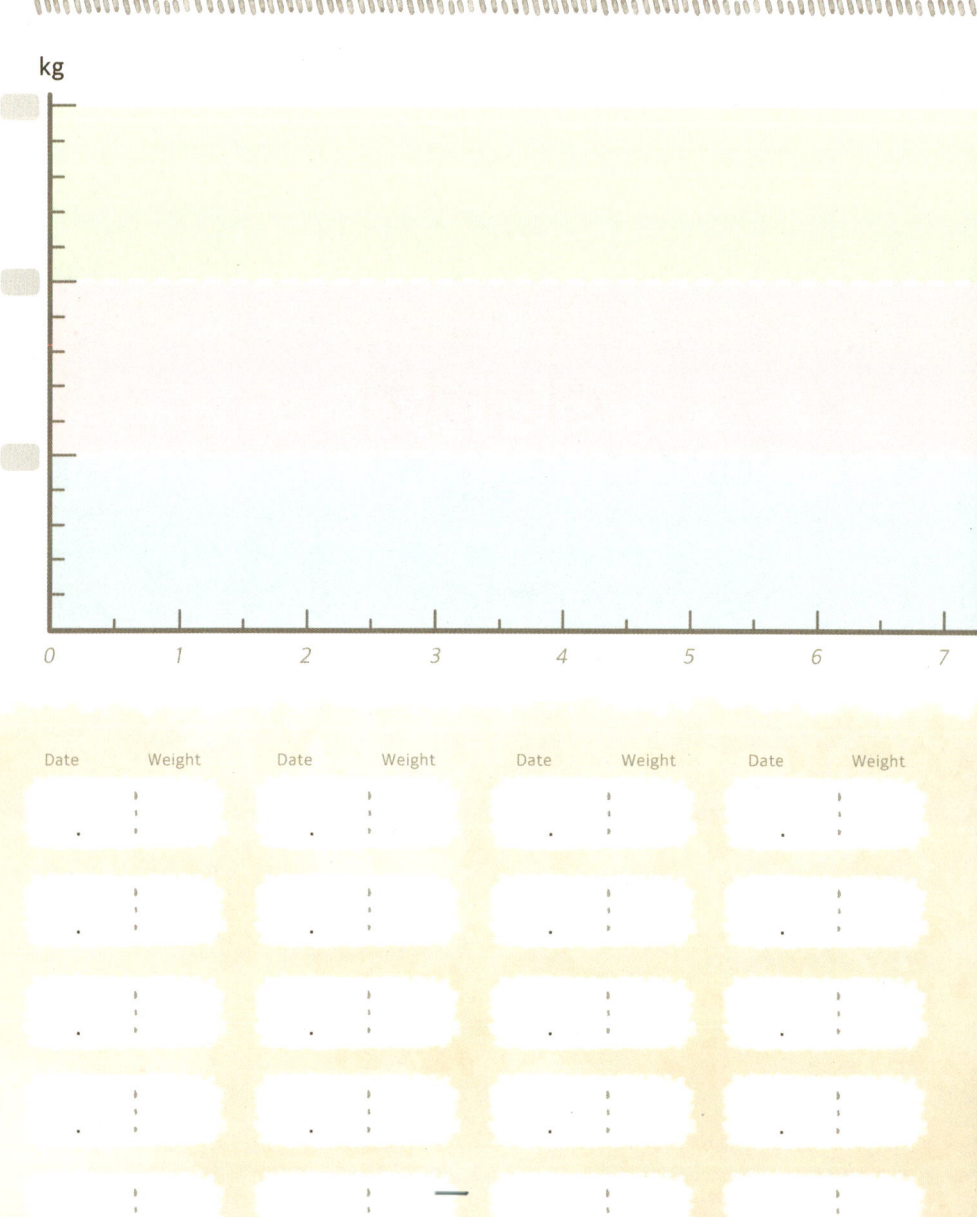

8	9	10	11	12	13	14	15	나이

Date	Weight	Date	Weight	Date	Weight	Date	Weight
.		.		.		.	
.		.		.		.	
.		.		.		.	
.		.		.		.	
.		.		.		.	

개님의 일생

[나이 대조표]

대형견 나이	2	6	10	12	14	16	20	24	31
중형견 나이	2	6	10	12	14	16	20	24	30
소형견 나이	2	6	10	12	14	16	20	24	29
사람 나이	2개월	4개월	6개월	8개월	10개월	1년	1년6개월	2년	3년

※ 견종, 자라는 환경 등에 의해 개체차가 크게 다를 수 있습니다.

● **신생아기 (출생~2주)**

들을 수도, 냄새를 맡을 수도 없는 시기로 오직 먹고 자는 것만을 반복하는 시기입니다. 대소변을 볼 수가 없으므로 어미가 하복부를 핥아줘서 배변을 보도록 돕습니다.

● **이행기 (2주~3주)**

눈을 뜨는 것을 시작으로 점점 감각기관들이 발달하여 빛이나 움직임에 반응하고 귀도 듣기 시작하는 시기입니다. 근육이 많이 발달하진 않았지만 움직임이 이전보다 활발해져 뒤뚱거리며 걷기 시작합니다. 이제껏 모견이 치워주던 대소변의 처분도 스스로 할 수 있게 됩니다. 이 시기에 형제자매와 어울리며, 꼬리를 흔들거나 불만을 나타내는 울음 등으로 감정을 표현하는 등 강아지들과의 의사소통을 배우기 시작합니다. 이 시기는 오감을 통해 외부의 막대한 양의 정보를 받아들이면서 뇌도 급속히 성장하는 기간이므로 이 시기에 형제자매견과 교류가 없는 강아지들은 나중에 커서도 다른 개들과 사이 좋게 지내지 못할 가능성이 높다고 합니다.

● **사회화기 (4주~12주)**

사회화 과정에서 가장 중요한 시기로, 이 시기에는 충만한 호기심으로 외부의 새로운 자극에 대해 경험하는 시기입니다. 거부감 없이 긍정적으로 사물을 받아들이며 학습을 하는 최적의 시기이므로 이때 진공청소기나 드라이기, 천둥 번개와 같은 많은 소리를 경험하게 한다면 성견이 되었을 때 두려워하지 않을 수 있습니다. 때문에 보호자들은 많은 환경(도시 환경)을 접할 수 있도록 도와주어야 합니다.
어느 시점부터는 모르는 것에 대한 경계심이 공존하며 외부의 낯선 환경에 두려움을 느끼게 되는 시기이기도 합니다.

출처 : 한국동물병원협회

38	45	52	59	66	73	80	87	94	101	108	
36	42	48	54	60	66	71	78	84	90	96	
34	39	44	49	54	59	64	69	74	79	84	
4년	5년	6년	7년	8년	9년	10년	11년	12년	13년	14년	15년

● 청소년기(13주~6개월)

사회화기를 마친 다음부터 6개월이 될 때까지의 시기를 청소년기라고 합니다.
이 시기에 주의할 점은 강아지가 평생 동안 만날 수 있을 것이라 여겨지는 (여러 형태의 바닥 재질, 어린이, 사람, 토끼, 다른 강아지, 여러 섬유 촉감, 선글라스, 청소기, 가전제품, 전화벨소리, 드라이기, 비, 천둥 등) 여러 가지 자극에 지속적으로 노출시켜야 합니다. 이것은 사회화기에 모두 경험을 한 강아지라도 생후 12주 이후에 사람과 접촉하지 않거나 여러 생활 환경을 접하지 않을 경우 마치 사회화하지 않은 강아지와 별반 다르지 않아 이 시기에 적절한 사회화 및 교육이 없다면, 문제행동이 시작되는 시기입니다.
또한 급격히 신체가 발달함과 동시에 이갈이가 시작되어 유치가 빠지고 영구치가 납니다. 수컷 강아지 경우 생후 4달 정도에 다른 암컷들에게 관심을 보이기 시작하는 성 성숙이 이루어집니다.

● 이후

개님의 성장은 견종마다 다르기 때문에 최대 1년 6개월~2년까지 성장을 합니다. 신체적인 성장이 끝났다 하더라도 낯선 환경에 대해 받아들이는 속도나 태도가 달라질 뿐 개님은 평생에 걸쳐 학습을 합니다. 체벌하지 않고 칭찬하며 즐거운 동행이 될 수 있도록 집사의 인내와 노력 그리고 사랑이 필요합니다.

개님 성장기에 따른
Check List

가족의 일원인 개님과 건강하고 행복하게 지내기 위해 다음과 같은 몇 가지 수칙이 있습니다.

1. 개님에 대한 정확한 이해를 위해 알아가길 힘씁니다.
2. 개님의 습성이나 심리에 대한 공부를 게을리하지 않습니다.
3. 개님을 위한 깨끗한 환경을 제공합니다.

☑ 개님 나이에 따른 집사의 할 일

● 3주~5주
생후 20일 경이면 유치가 나기 시작하여 생후 30일이 되면 유치가 대부분 나므로 어미 개가 젖 먹이기를 거부합니다. 따라서 퍼피 사료를 물에 불려 이유식을 제공해야 합니다.

● 6~8주
생후 50일 경이면 모견으로부터 떨어져도 되는 시기입니다. 너무 이르면 생존이 위험하고 너무 늦으면 새로운 환경에서 훈육에 문제가 생길 수 있습니다.

- 새로운 환경에 적응하는 약 1주일 동안은 목욕이나 여행 등 스트레스 상황을 만들지 않습니다.
- 입양을 하면 건강상태를 파악하기 위해 건강검진을 받아야 합니다.
- 기초 예방접종을 시작합니다. (생후 6주경)
- 퍼피용 사료를 물에 불려 하루 3~5회 먹입니다.
- 이를 닦는 거부감을 없애기 위해 이 시기부터 놀이처럼 접하게 해주어야 합니다. 이를 테면 손가락 하나를 넣었다가 2개를 넣어보고, 차츰 횟수와 이빨에 닿는 면적을 늘려가는 것입니다. 이때 치약 뚜껑을 열어놓아 개님이 치약에 익숙해지도록 도와주세요.

4. 개님의 건강을 위한 영향학적이고 안전한 먹거리를 제공합니다.
5. 이웃과 더불어 살아가기 위한 사회화 교육도 잊지 않습니다.
6. 반려견이 힘들어 하지 않도록 목줄과 리드줄 적응 훈련을 어릴 때부터 합니다.
7. 매너 있는 반려인이 됩니다. (대변 처리, 이동장 사용, 타인의 강아지 함부로 터치하지 않기 등)

● 6주~16주

생후 90일 경이 가장 입양하기에 이상적인 시기입니다. 광견병 예방접종은 3개월 이후부터 가능합니다.

- 이갈이를 도울 수 있는 장난감을 제공해주세요.
- 털 관리에 익숙해 지도록 놀이처럼 접하게 해주세요.
- 반려동물 등록을 신청합니다.
- 외출과 산책을 하기 위해 이름표와 목줄을 준비하세요.

● 5개월~8개월

말썽이 잦은 시기이고 유치가 빠지고 영구치가 나오는 시기입니다.

- 영구치 개수 확인, 이 상태가 어떤지 점검하고 젖니가 남아 있을 시 병원에서 발치합니다.
- 수컷의 경우 4~6개월쯤 성 성숙이 이루어지는 시기로 여러 가지 나쁜 습관이 몸에 밸 수 있습니다.
- 빠른 암컷의 경우 8개월쯤 생리가 시작되니 미리 대비를 해놓으세요.

개님 성장기에 따른
Check List

● 1살

번식이 가능한 시기이지만 출산은 2번 정도 생리를 거치고 하는 것이 좋습니다. 특히 대형견은 신체 성장을 감안하여 1년 6개월 이후가 좋습니다.

- 사료를 성견용으로 바꾸어 줍니다.
- 정기적으로 건강검진을 합니다.
- 심장사상충 예방은 모기가 눈에 띄는 1개월 전부터 사라진 뒤 1개월 후까지, 매월 1회 실시합니다.

● 2~5살

개님의 청춘 시기입니다. 활동능력이 가장 좋은 시기이며 충분한 운동이 필요합니다.

- 충분한 산책을 시켜주어야 합니다.
- 에너지를 발산할 수 있는 놀거리를 제공합니다.
- 정기적으로 검사하며 건강 상태를 점검하세요.
- 심장사상충 예방은 모기가 눈에 띄는 1개월 전부터 사라진 뒤 1개월 후까지, 매월 1회 실시합니다.

● 8~10살

노후가 시작되는 시기로 노후에 따른 질환을 예방하고 관리하기 위해 정기적인 종합검진이 필요한 시기입니다.

- 너무 무리한 운동과 산책을 피해 주세요.
- 질병 유무에 따라 최소 연 1회 이상 혈액검사와 건강검진을 하세요.
- 시니어 사료로 바꾸어 줍니다. (견종과 건강에 따라 조절)

● 10살 이후

어렸을 때 어떻게 관리해 주었느냐에 따라 나의 반려견의 노후가 결정된다고 보시면 됩니다. 사람 먹는 음식을 먹이고, 산책을 시켜주지 않으며, 주기적인 건강 검진을 소홀히 했다면 나의 반려견의 노후는 힘들어 질 수 있습니다.

집사가 알아두어야 할
개님 약물 투여 방법

알약
1. 개님 콧등 부분을 잡고 머리를 살짝 뒤로 젖힌다.
2. 엄지와 검지로 입을 벌린다.
3. 최대한 입속 안쪽에 알약을 집어넣는다.
4. 입을 다물게 하고 코끝을 위로 들게 한 후 몇 초 동안 잡고 기다린다.
5. 개님 코에 바람을 불어 주면서 잡았던 손을 놓으면 혀로 코를 핥으면서 남아있던 알약도 마저 삼키게 된다.

 먹이나 간식과 함께 준다.

물약
1. 개님의 코를 살짝 위로 들게 하여 고정하고 입을 벌린다.
2. 물약을 스포이트 또는 주사기에 넣어 개님 입안 상악 송곳니와 작은 어금니 사이에 주입한다.
3. 약을 넣은 후 입을 다물게 하고 약을 삼킬 때까지 목을 문질러 준다.

가루약
1. 개님이 평소 좋아하는 간식을 준비한다.
2. 가루약을 간식 안에 집어 넣어 은폐시킨다.
3. 가루약을 넣은 간식을 입 깊숙이 넣은 후 입을 다물게 하고 잠시 동안 기다린다.

 물약처럼 물이나 꿀물에 가루약을 풀어 스포이트 또는 주사기에 넣어 주입한다.

안약
1. 한쪽 손으로 코끝을 들어 올리고 개님이 약을 보지 못하게 숨겨서 접근한다.
2. 약 케이스 끝이 각막에 닿지 않도록 조심하며 점안한다.
3. 2~3가지 종류의 안약을 같이 점안해야 할 경우 눈 안에 공간이 작은 개님을 위해 5분 간격으로 시차를 두고 점안한다.
4. 엄지와 검지로 눈꺼풀을 1~2회 열었다 닫았다 반복해준다.

- 나의 반려견은 말을 하지 못합니다. 아파도 표현하지 않습니다.
- 집사가 관심으로 관찰하고 확인하지 않는 것은 직무유기입니다.
- 집사의 직무유기로 소중한 반려견의 치료 시기를 놓칠 수 있습니다.

Part 2.
개님 건강수첩

- ☑ 이럴 때는 빨리 진찰받으세요!
- ☑ 개님 기본 관리 프로그램
- ☑ 개님 예방접종 프로그램

이럴 때는
빨리 진찰받으세요!

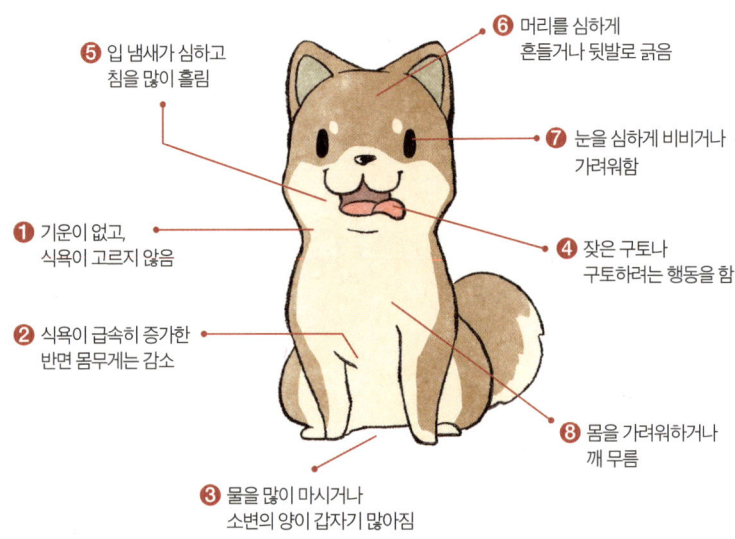

- ❶ 기운이 없고, 식욕이 고르지 않음
- ❷ 식욕이 급속히 증가한 반면 몸무게는 감소
- ❸ 물을 많이 마시거나 소변의 양이 갑자기 많아짐
- ❹ 잦은 구토나 구토하려는 행동을 함
- ❺ 입 냄새가 심하고 침을 많이 흘림
- ❻ 머리를 심하게 흔들거나 뒷발로 긁음
- ❼ 눈을 심하게 비비거나 가려워함
- ❽ 몸을 가려워하거나 깨 무름

❶ 평소 좋아하는 간식을 줘도 잘 먹지 않거나, 갑자기 기운이 없는 경우에는 꼭 검사가 필요합니다.

❷ 사료나 간식을 평소보다 많이 먹거나 집착하는 경우, 그런데도 살이 찌지 않고 몸무게가 빠진다면 문제가 있는 것이니 검사가 필요합니다.

❸ 평소보다 급격하게 물을 많이 마신다면 이는 몸에 호르몬 이상이 있거나 신장에 문제가 있을 가능성이 높습니다. 그리고 중성화 수술을 하지 않은 암컷이라면 자궁축농증 질환 증상도 물을 많이 먹기 때문에 가까운 병원에 내원하셔서 자궁과 내분비 질환에 대해 검사가 필요합니다.

❹ 일주일에 2~3회 이하로 가벼운 구토를 할 수도 있지만 너무 잦아질 경우 바로 검사가 필요합니다.

❺ 이런 경우에는 치아나 잇몸 등 구강 내 문제가 있을 수 있으니 검사를 받아보세요 간혹 심부전 증상으로도 입 냄새가 날 수 있습니다.

❻ 가볍게 흔드는 정도가 아니라 볼 때마다 머리를 흔들거나 피가 나도록 긁는다면 외이염 및 피부질환을 의심해보세요.

❼ 가끔은 상관없으나 눈을 찡그리고 있거나 온종일 계속 긁는다면 눈이 불편한 것일 수 있으니 너무 심하다 싶으면 병원에서 진찰받으세요.

❽ 우선 가려워하는 부위를 확인 후 눈에 보이는 상처가 없는지 체크하세요 아무 이상이 없는데도 하루 종일 몸을 핥거나 깨문다면 병원으로 내원해주세요 발의 경우엔 습진이 자주 생길 수 있으니 물에 닿거나 했을 때는 바로 말려주세요!

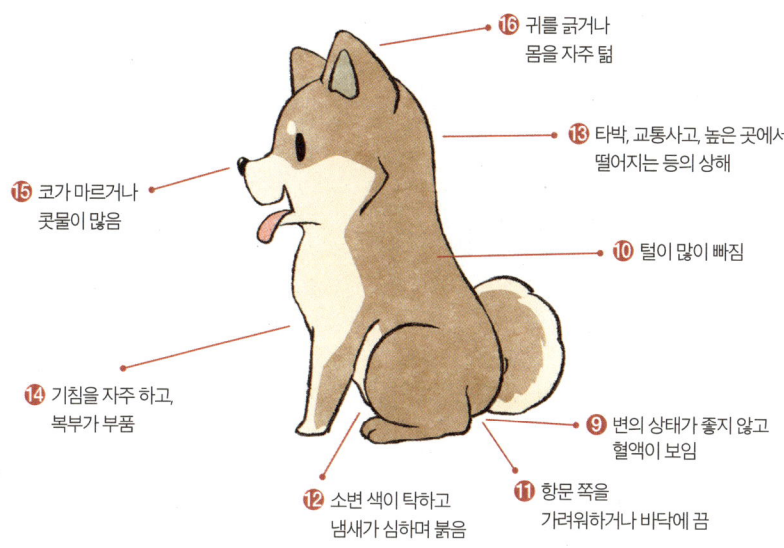

- ⑯ 귀를 긁거나 몸을 자주 턺
- ⑬ 타박, 교통사고, 높은 곳에서 떨어지는 등의 상해
- ⑮ 코가 마르거나 콧물이 많음
- ⑩ 털이 많이 빠짐
- ⑭ 기침을 자주 하고, 복부가 부품
- ⑨ 변의 상태가 좋지 않고 혈액이 보임
- ⑫ 소변 색이 탁하고 냄새가 심하며 붉음
- ⑪ 항문 쪽을 가려워하거나 바닥에 끎

❾ 변 색깔, 변 상태는 강아지의 건강을 체크하는데 깊은 관계가 있습니다. 변 보는 횟수, 냄새, 형태 등을 꼼꼼히 체크하여 반려견의 건강을 지켜주세요. 간혹 피가 섞여 나온다면 장염을 의심해야 합니다.

❿ 봄, 가을(털갈이 시기) 말고도 평소보다 털이 빠진다거나 잘 빠지지 않는 견종임에도 불구하고 털이 많이 빠진다면 건강 상태를 확인하는 것이 좋습니다.

⓫ 주로 항문낭이 찼을 때 바닥에 엉덩이를 스키 타듯 끌고 다니는데, 항문낭을 짜주고도 계속 끌고 다닌다면 다른 이상일 수 있으니 병원에서 진찰을 받으세요.

⓬ 노랗지 않고, 약간 갈색 빛이 돌며 냄새가 심하거나 붉은 기를 보일 때에는 꼭 검사가 필요합니다. 이때 처음 보는 색깔이면 사진을 찍어서 수의사에게 보여주는 것이 좋습니다.

⓭ 사람도 교통사고 당시 멀쩡해도 후유증이 오듯이 반려견의 경우에도 그럴 수도 있으니 겉으로 괜찮아 보여도 꼭 병원에 가서 체크를 해주세요.

⓮ 평소 재채기 '콜록' 이 아닌, 가슴(흉부) 쪽에서 힘을 주어 하는 것 같은 '컥컥' 하는 기침 소리를 자주 심하게 한다면 심장 비대증을 비롯한 심장병의 가능성이 있어요. 꼭 병원에서 체크해보세요.

⓯ 잠 잘 때 빼고는 코가 항상 촉촉해야 합니다. 만약 코가 장시간 말라있다면 반드시 병원에 내원하여 건강 체크해주세요.

⓰ 이런 행동을 자주 반복적으로 한다면 귀에 이상이 있는 것일 수 있습니다. 귀지 색이 어떤지 귓속에서 악취가 나지는 않는지 살펴본 후 증상이 심하다면 진찰을 받아보세요.

개님 기본 관리 프로그램

반려견과 함께 할 때 이것만은 지켜주세요!

1. 지나친 관심과 지나친 무관심은 반려견의 몸과 마음을 아프게 할 수 있습니다.
2. 잦은 목욕은 피부에 독이 될 수 있습니다.
3. 목욕 후에는 반드시 바로 말려 주셔야 하며 젖은 채로 두게 되면 피부질환의 위험이 있습니다.
4. 귀 청소 때 절대 면봉으로 후비지 마세요.
5. 귀엽다고 자꾸 안거나 만지지 마세요. 개님의 감정도 존중해주세요.
6. 미용해야 한다면 제일 먼저 우리 반려견의 생활 환경에 가장 적합한 디자인으로 해주세요.
7. 너무 많이 먹거나 너무 적게 먹지 않도록 식사를 점검해주세요.

관리	관리 횟수	관리 방법
목욕	생활 환경에 따라 달라 질 수 있음. 대략 7일~10일에 1번	효과 : 피부 관리 및 청결 유지, 피부병 예방 개님 전용 샴푸 및 린스 사용 피부병 있을 시 약용샴푸 사용
항문낭 짜기	최소 1달에 1번 목욕 시	효과 : 항문낭 염증 예방 및 냄세 제거
양치	최소 1주일에 1번 이상	효과 : 구강내 냄새 제거 및 치석 예방 개님 전용 치약과 칫솔 사용 (어린 강아지는 부드러운 가제 수건으로 대체)
귀 청소	목욕 후	효과 : 외이염 방지 귀 세정제를 넣고 손으로 조물거린 후 탈지면으로 세정제 수분 닦아주기 (남은 수분은 개님이 알아서 털어냄, 귀가 덮힌 개님들은 잠시 귀를 뒤짚어 놓는 것이 좋음)
미용	견종에 따라 필요 유무	효과 : 피부병 예방, 청결 유지, 체온 조절 펫샵에 의뢰(견종 사이즈에 따라 가격 상이) 셀프미용 시 가위보단 미용기 사용
먹거리	사료 구입 시 기입 간식 구입 시 기입	평소 식사량을 확인하고 체중 관리하기

개님의 목욕 날짜를 기록해주세요!

· 관리 횟수 : 월 _____ 회
· 목욕 방법 : 펫샵 이용 / 집사 관리
· 샴푸/린스 종류 : _____

개님의 목욕 날짜를 기록해주세요!

· 관리 횟수 : 월 _____ 회
· 목욕 방법 : 펫샵 이용 / 집사 관리
· 샴푸/린스 종류 : _____

개님의 항문낭 관리 날짜를 기록해주세요!

· 관리 횟수 : 월 _____ 회

· 관리 방법 : 냄새 제거 / 염증

개님의 항문낭 관리 날짜를 기록해주세요!

· 관리 횟수 : 월 _____ 회

· 관리 방법 : 냄새 제거 / 염증

개님의 양치 날짜를 기록해주세요!

· 관리 횟수 : 주 _____ 회
· 치약 종류 : _____
· 칫솔 종류 : _____

개님의 양치 날짜를 기록해주세요!

· 관리 횟수 : 주 _____ 회
· 치약 종류 : _____
· 칫솔 종류 : _____

귀 청소

개님의 귀 청소 날짜를 기록해주세요!

· 관리 횟수 : 월 _____ 회
· 청소 방법 : 일반 / 염증
· 세정제 종류 : _____

개님의 귀 청소 날짜를 기록해주세요!

- 관리 횟수 : 월 _____ 회
- 청소 방법 : 일반 / 염증
- 세정제 종류 : _____

개님의 미용 날짜를 기록해주세요!

· 관리 횟수 : _____달 _____회
· 미용 방법 : 펫샵 이용 / 집사 관리
· 미용 스타일 : _____

사료와 간식거리 구매 목록을 기록하여 반려견의 식성 및 체중을 관리해주세요.

구입 일자	구입 목록 / 구입처	중량 (kg)	급여방식 및 급여량	유통기한	기호도	메모

구입 일자	구입 목록	중량 (kg)	급여방식 및 급여량	유통기한	기호도	메모
	구입처					

개님 예방접종 프로그램

예방접종을 할 때 이것만은 지켜주세요!

1. 기생충, 질병, 영양 상태, 환경변화 등을 고려해야 합니다.
2. 예방접종 후 1주일 정도는 목욕, 여행, 미용 등의 스트레스 상황을 주지 말아야 합니다.
3. 예방접종 당일에는 장에 부담이 되는 육류, 간식 등을 삼갑니다.
4. 예방접종 후에 경우에 따라 오는 여러 가지 증상이 나타날 수 있으니 잘 관찰해야 합니다.

접종 분류	예방 접종 명	접종 방법 및 시기
정기적 관리 ***매년 연 1회 추가 접종**	종합백신(DHPPL) ☞ 홍역(D), 간염(H), 파보장염(P), 파라인플루엔자(P), 렙토스피라증(L)	생후 6~8주부터 2~4주 간격으로 3회 이상 접종
	전염성 기관지염(Kennel Cough)	DHPPL과 함께 2회 접종
	광견병(Rabies) *매년 구에서 시행하는 시기에 접종하면 시술비 5,000원에 접종 가능	생후 3~4개월 경 1회 접종
	코로나 장염(Corona Virus)	DHPPL과 함께 2회 접종
	인플루엔자(Canine Influenza)	기초 접종 2회
주기적 관리	심장사상충(Heart Worm)	계절에 따라 상의 (*매년 감염여부 확인)
	외부/ 내부 기생충(Deworming)	
특별 관리	항체가검사	필요 시 년 1회 or 2~3년 1회
	정기 검진 및 진찰 기록	

종합 예방접종
DHPPL

홍역(D), 간염(H), 파보장염(P), 파라인플루엔자(P), 렙토스피라증(L) 등이 혼합된 예방주사 입니다.

*생후 6~8주부터 2~4주 간격으로 3~6회 접종, 연 1회 추가 접종

부작용 유 / 무

예정일 DATE DUE	접종일 DATE GIVEN	예방약 VACCINE USED	수의사 서명 SIGNATURE
❶			
❷			
❸			

예정일 DATE DUE	접종일 DATE GIVEN	예방약 VACCINE USED	수의사 서명 SIGNATURE

켄넬코프
Kennel Cough

호흡기 증상을 일으키는 전염성 기관지염으로 기침, 발열, 콧물, 식욕부진 등의 증상이 나타납니다. 전염성이 높고 치료가 잘 안되는 질병입니다.

*기초 접종 2회, 연 1회 추가접종

부작용 유 / 무

예정일 DATE DUE	접종일 DATE GIVEN	예방약 VACCINE USED	수의사 서명 SIGNATURE
❶			
❷			

예정일 DATE DUE	접종일 DATE GIVEN	예방약 VACCINE USED	수의사 서명 SIGNATURE

광견병
Rabies

인수공통감염병으로 사람을 포함한 모든 온혈동물의 중추신경계로 침입하여 급성 뇌질환을 일으킵니다. 한 번 발병하면 거의 사망에 이르는 치명적인 질병입니다.

봄철 광견병 예방접종 : 시술료 5,000원에 가능(해당 자치구 또는 120 다산콜센터에 문의)

*생후 3~4개월경 1회 기초 접종 실시, 이후 연 1회 추가접종   부작용 유 / 무

예정일 DATE DUE	접종일 DATE GIVEN	예방약 VACCINE USED	수의사 서명 SIGNATURE
❶			

예정일 DATE DUE	접종일 DATE GIVEN	예방약 VACCINE USED	수의사 서명 SIGNATURE

코로나장염
Corona Virus

코로나 바이러스에 의해 유발되는 장염으로 위와 장에 침입하여 구토, 발열, 혈액성 설사 등의 증상이 나타납니다.

*기초 접종 2회, 연 1회 추가접종   부작용 유 / 무

예정일 DATE DUE	접종일 DATE GIVEN	예방약 VACCINE USED	수의사 서명 SIGNATURE
❶			
❷			

예정일 DATE DUE	접종일 DATE GIVEN	예방약 VACCINE USED	수의사 서명 SIGNATURE

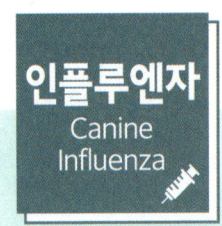

인플루엔자
Canine Influenza

신종인플루엔자(H3N2) 바이러스에 의한 급성으로 보이는 개의 호흡기 질환으로 식욕부진, 고열, 기침, 콧물, 폐사 등의 증상을 보입니다.

*기초 접종 2회, 연 1회 추가접종   부작용 유 / 무

예정일 DATE DUE	접종일 DATE GIVEN	예방약 VACCINE USED	수의사 서명 SIGNATURE
❶			
❷			

예정일 DATE DUE	접종일 DATE GIVEN	예방약 VACCINE USED	수의사 서명 SIGNATURE

심장사상충
Heart Worm

모기를 통해 옮는 질병으로 모기가 눈에 띄는 1개월 전부터 사라진 뒤 1개월 후까지, 매월 1회 예방약을 투여하고 매년 감염 여부를 확인합니다. 기침, 호흡곤란, 식욕부진, 혈뇨, 복수 등의 증상을 보입니다.

*심장사상충 예방약을 투여하기 전 감염여부 확인

부작용 유 / 무

예정일 DATE DUE	투여일 DATE WORMED	투여약 DRUG USED	예정일 DATE DUE	투여일 DATE WORMED	투여약 DRUG USED

예정일 DATE DUE	투여일 DATE WORMED	투여약 DRUG USED	예정일 DATE DUE	투여일 DATE WORMED	투여약 DRUG USED

기생충구제
Deworming

기생충에 감염된 개님은 질병에 걸리기 쉽고 영양 상태와 건강이 나빠집니다.
내부, 외부 기생충 구제로 예방해주세요.

*외부기생충(벼룩, 이, 진드기 등) 구제나 예방은 바르는 약, 샴푸 등으로 가능   부작용 유 / 무

예정일 DATE DUE	투여일 DATE WORMED	투여약 DRUG USED 내부 / 외부	예정일 DATE DUE	투여일 DATE WORMED	투여약 DRUG USED 내부 / 외부
		내 / 외			내 / 외
		내 / 외			내 / 외
		내 / 외			내 / 외
		내 / 외			내 / 외
		내 / 외			내 / 외
		내 / 외			내 / 외
		내 / 외			내 / 외
		내 / 외			내 / 외
		내 / 외			내 / 외
		내 / 외			내 / 외

예정일 DATE DUE	투여일 DATE WORMED	투여약 DRUG USED 내부 / 외부	예정일 DATE DUE	투여일 DATE WORMED	투여약 DRUG USED 내부 / 외부
		내 / 외			내 / 외
		내 / 외			내 / 외
		내 / 외			내 / 외
		내 / 외			내 / 외
		내 / 외			내 / 외
		내 / 외			내 / 외
		내 / 외			내 / 외
		내 / 외			내 / 외
		내 / 외			내 / 외
		내 / 외			내 / 외
		내 / 외			내 / 외
		내 / 외			내 / 외

항체가 검사
Antibody Titer Test

기존 예방접종을 마친 경우에도 여러 가지 요인 등으로 항체가 생기지 않는 경우가 있습니다. 간단한 검사로 치명적 전염병인 홍역과 파보장염, 간염을 이길 수 있는 항체가 수준을 확인합니다.

부작용 유 / 무

예정일 DATE DUE	검사일 DATE TESTED	검사결과 RESULT	수의사 서명 SIGNATURE

예정일 DATE DUE	검사일 DATE TESTED	검사결과 RESULT	수의사 서명 SIGNATURE

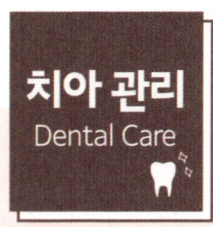

치아 관리
Dental Care

7~8개월 이후에도 빠지지 않은 유치가 있는지 확인해 주세요. 치아질환을 예방하기 위해 개님 전용 치약으로 이를 닦여주고, 연 1회 이상 정기적으로 검사 받으세요.

예정일 DATE DUE	검사일 DATE TESTED	검진내용·결과 RESULT

생리 주기
Menstrual Cycle ♀

보통 8~10개월 사이에 첫 생리를 시작하여 이후 1년에 2~3번의 생리를 하게 됩니다. 생리 기간은 소형견의 경우 12~15일 정도입니다. 강아지 생리 주기만 잘 기록하여도 여러 질병들을 미리 알 수 있는 소견이 됩니다.

년 YEAR	횟수	시작일 STARTING DATE	종료일 ENDING DATE
	1		
	2		
	3		
	1		
	2		
	3		
	1		
	2		
	3		
	1		
	2		
	3		
	1		
	2		
	3		
	1		
	2		
	3		

진료기록
Medical Records

질병은 치료하는 것보다 예방하는 것이 훨씬 쉽고 경제적입니다. 또한 병원 방문 기록을 남겨두는 것은 반려견의 건강관리에 중요 사항입니다.

날짜 DATE	진료 내용 MEDICAL NOTES
/ 수의사 서명:	진단명: MEMO:
/ 수의사 서명:	진단명: MEMO:
/ 수의사 서명:	진단명: MEMO:
/ 수의사 서명:	진단명: MEMO:
/ 수의사 서명:	진단명: MEMO:
/ 수의사 서명:	진단명: MEMO:
/ 수의사 서명:	진단명: MEMO:

날짜 DATE	진료 내용 MEDICAL NOTES
/ 수의사 서명 :	진단명 : MEMO:
/ 수의사 서명 :	진단명 : MEMO:
/ 수의사 서명 :	진단명 : MEMO:
/ 수의사 서명 :	진단명 : MEMO:
/ 수의사 서명 :	진단명 : MEMO:
/ 수의사 서명 :	진단명 : MEMO:
/ 수의사 서명 :	진단명 : MEMO:

진료기록
Medical Records

질병은 치료하는 것보다 예방하는 것이 훨씬 쉽고 경제적입니다. 또한 병원 방문 기록을 남겨두는 것은 반려견의 건강관리에 중요 사항입니다.

날짜 DATE	진료 내용 MEDICAL NOTES
/ 수의사 서명 :	진단명 : MEMO :
/ 수의사 서명 :	진단명 : MEMO :
/ 수의사 서명 :	진단명 : MEMO :
/ 수의사 서명 :	진단명 : MEMO :
/ 수의사 서명 :	진단명 : MEMO :
/ 수의사 서명 :	진단명 : MEMO :
/ 수의사 서명 :	진단명 : MEMO :

날짜 DATE	진료 내용 MEDICAL NOTES
/ 수의사 서명 :	진단명 : MEMO:
/ 수의사 서명 :	진단명 : MEMO:
/ 수의사 서명 :	진단명 : MEMO:
/ 수의사 서명 :	진단명 : MEMO:
/ 수의사 서명 :	진단명 : MEMO:
/ 수의사 서명 :	진단명 : MEMO:
/ 수의사 서명 :	진단명 : MEMO:

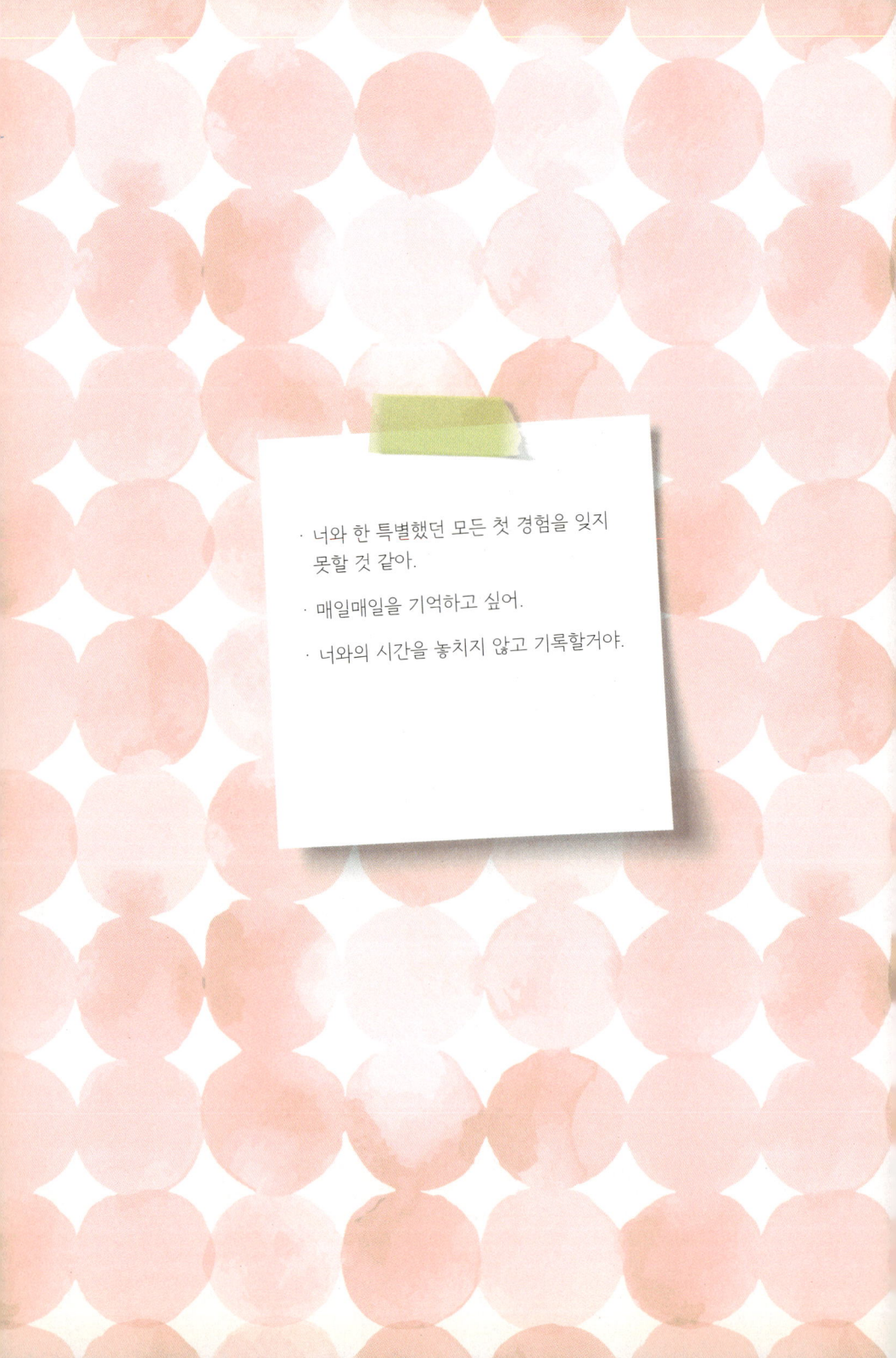

- 너와 한 특별했던 모든 첫 경험을 잊지 못할 것 같아.
- 매일매일을 기억하고 싶어.
- 너와의 시간을 놓치지 않고 기록할거야.

Part 3.
집사 일기장

☑ 스페셜데이 다이어리
☑ 데일리 다이어리

너와 나의 첫 만남

<u>　　　　　　　</u> 년 <u>　　</u> 월 <u>　　</u> 일

넌 모를 거야. 내가 얼마나 고민하고 고민해서 너의 집사가 되기로 마음먹었는지... 한 생명을 책임지는 집사의 직분이 겁나지만 나 왜 이렇게 설레는 걸까?

두근두근 특별했던 우리의 첫 만남

안녕~

너를 처음 본 순간! 뿅~ 난 사랑에 빠졌지.

너의 몸무게는 _____ kg이었어.

우리가 처음 만난 곳은 _____ 란다.

너는 _____ 남 _____ 녀 중 _____ 였어!

너의 모습은 마치 _____ 같았지.

우린 오늘부터 1일!

너의 이름은 _____ 로 정했단다.

내가 너의 평생 집사가 되어줄게.

잘 부탁해 ♥

___ 년 ___ 월 ___ 일

칭찬은 고래를 춤추게 한다! 너에게도 통했어. 많은 '욱'하는 순간들을 이겨내니 나에게 이런 기쁨과 환희를 맛보게 해 주는구나! 넌 남다른 것 같아. 고마워.

이제부터 이곳은 개님의 비밀스러운 공간~

너는 배변을 _____ 가리는 개님이었지.

처음에 우리 집에 왔을 때

너는 _____ 에 실례를 했었어.

똑똑한 우리 _____ 야~

이제부터 배변 장소는 _____ 란다.

다음에도 여기에 눌 거지?

너의 배변 활동을 존중하지만 정해진 곳에서 해줬으면 해~

잘 부탁할게^^

긴장 속 첫 목욕

_____ 년 _____ 월 _____ 일

잘한다~ 잘한다~ 네가 뭘 해도 너무도 사랑스러워 지켜보다가 문득 더러워진 너의 모습에 또 한 번 웃음이 난다. 너와 하는 모든 경험이 새롭고 행복해.

너의 청결은 집사에게 맡기라고!

우리 _____ 는

물을 _____ 는구나.

첫 목욕 때 너는 너무 _____.

항문낭도 잊지 않고 꾹~ 윽! 너의 냄새마저도 사랑한다! ㅎㅎㅎ

처음 듣는 요란한 드라이기 소리에

너는 _____.

미안해. 그것마저 너무 사랑스러워.

어찌 됐건 인간 집사랑 살려면 감수해야 할 불편함이 있는 거야.

우리 서로 조금씩 이해하며 함께하자.

첫 유치
빠진 날

_____ 년 _____ 월 _____ 일

건강한 영구치가 나기 위해 유치가 나고 사방팔방 그렇게
긁어 데고 난리였었구나. 이제는 빠져버린 작은 유치마저
버릴 수 없는 내가 되어 버렸다. 나 책임져!

빠진 유치도 소중히 간직하는 바보

네가 처음 유치가 나던 때는 .... 개월 차였어.

이가 가려울 때면

너는 ....

내가 처음 빠진 유치를 발견한 장소는

.... 야.

나보고 유난스럽다고 하겠지만

난 네 빠진 유치를 .... 버리지 못했다.

왜냐고?! 난 너의 모든 걸 사랑하니까!

우리 꼬물이
첫 산책

_____ 년 _____ 월 _____ 일

세상엔 너를 기다리고 있는 많은 경험 할 것들이 있어. 오늘부터 차근차근 시작해 볼까? 처음 딛는 너의 발걸음에 내가 더 떨린다… 넌 지금 무슨 생각을 할까? 넌 지금 어떤 걸 느끼고 있니? 집사에게 알려줄 수 없겠니?? 제발~~~

뒤뚱뒤뚱!
엉덩이 매력 발산에 심장이 쿵!

우리 꼬물이가 첫 발을 내 딛은 장소는 바로 _____.

내려놓자마자 넌 _____ 했어.

산책 중에 만난 강아지를 보고 넌 _____ 했었지.

누가 가르쳐 주지도 않았는데 이쁜 똥도 순풍!

너의 똥을 집는 내 모습은 진정한 집사가 된 것 같았어.

집에 돌아오자마자 넌 _____ 하더라.

어느새 커서 나와 발걸음을 맞춰 산책을 하다니. 울컥!

앞으로 매일 다양한 산책 코스로 모실께요. 충성!

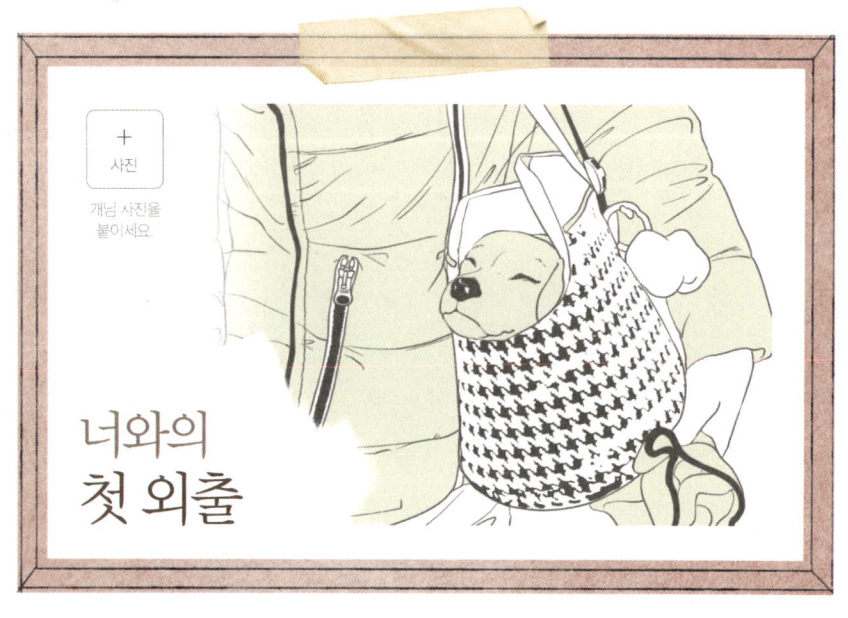

너와의 첫 외출

_____ 년 _____ 월 _____ 일

가까운 곳에 특별한 것 없는 그곳도 너와 함께하니 좋다. 이 곳이 이렇게 좋은 곳이었는지 이전에 몰랐었어~ 모두 네 덕분인 것 같아.

내 껌딱지 하자!

우리의 첫 외출 장소는 _____ 야.

우리는 그곳에

☐ 걸어서 ☐ 자가용 ☐ 대중교통 ☐ 기타(_____)을 타고

_____ 하러 갔었지.

집에 돌아왔을 때

너의 표정은 _____ 보였어.

몸은 조금 힘들었지만 난 너와 함께여서 행복했단다.

다음 외출도 함께하자!

Beautiful!
첫 미용

_____ 년 _____ 월 _____ 일

내가 직접 손질해 준다면 좋겠지만 아직 서툴러서… 난생 처음 하는 경험에 놀라진 않을지… 상처가 나진 않을지… 난 네가 다시 내 품으로 안기기 전까지 하염없이 네 걱정만 했단다.

인형 같던 너의 모습에 심쿵!

지금은 전문가의 손길이 필요한 때야.

잠시만 안녕~ 잠시 후에 데리러 올게.

네가 처음 미용을 한 곳은 _____.

처음으로 너 혼자 낯선 공간에 있던 시간이었을 거야…

미용하는데 걸린 시간은 _____ 시간,

미용 후 _____ 표정의 네 모습을 잊을 수가 없어.

처음 미용에 많이 놀랐을 텐데, 미안해!

그래도 미용한 네 모습은 너무 사랑스러운걸!

두근 두근
첫 소풍

_____ 년 ____ 월 ____ 일

뭐야 이 설렘은?! 마치 어린 시절 소풍날 기다리는 것처럼! 달라진 건 김밥과 함께 네가 먹을 간식거리를 싸고 있는 나인 것 같다.

너와 함께여서 더 특별한 피크닉!

우리가 함께 간 곳은

_____!

_____ 때문에 여길 선택했어.

이때 날씨는 _____ 고,

나는 너를 위해

_____ 준비해 챙겨갔지.

우리는 그곳에서 _____ 며

시간을 보냈어.

다음에 또 가자!

첫 방문
개님 운동장

_____ 년 ____ 월 ____ 일

리드줄을 풀고 자유롭게 뛰놀 수 있는 개님 운동장! 다른 개님과의 낯선 만남. 다른 개 집사들과의 교류. 세상에 이렇게 다양한 개님이 있다는 신세계를 경험하다니… 네가 없었다면 못 했을 경험들…

우다다다 개 신남, 개님 운동장 입장!

넓은 곳에서 자유롭게 뛰어노는 너를 보고 싶어

_____ 에 있는

_____ 로 갔었지.

너는 기분이 _____ 보였어.

거기서 다른 개님들과는 _____ 지.

네가 없었다면

이런 곳이 있다는 것도 몰랐을 나!

덕분에 나도 새로운 것을 알아가고 배워가!

우리의 첫 여행

_____ 년 _____ 월 _____ 일

사람들은 말하지… 굳이 불편하게 강아지는 왜 데리고 다니냐고.
사람들은 모르는 것 같아… 너랑 함께하는 게 얼마나 행복한지!

바람이 불어오는 곳, 그곳으로 가네~

우리의 첫 여행지는 _____ 야.

네가 얼마나 좋아할까 생각하며 엄선해서 고른 장소란다!

_____ 와 함께했어.

우리는 그곳에 ☐ 자가용 ☐ 대중교통(_____)을 타고 갔지.

집에 돌아올 때까지 너의 기분은 _____ 였어.

너와 함께 한 이번 여행이 _____ 라고 생각해.

다음 여행은 어디로 갈까?

Daily Diary

+ 스티커

제목 :   년   월   일

☐ 활력이 넘치는 몸짓   ☐ 맛있게 사료, 간식을 먹음   ☐ 대소변 색과 냄새가 평소와 같음
☐ 털의 상태가 괜찮음   ☐ 눈꺼풀과 눈동자 이상 없음   ☐ 피부에 상처나 염증 없음
☐ 벼룩이나 진드기 없음 ☐ 치석, 치염, 입 냄새 없음   ☐ 발톱 길이 균열 없음

+ 스티커

제목 :   년   월   일

☐ 활력이 넘치는 몸짓   ☐ 맛있게 사료, 간식을 먹음   ☐ 대소변 색과 냄새가 평소와 같음
☐ 털의 상태가 괜찮음   ☐ 눈꺼풀과 눈동자 이상 없음   ☐ 피부에 상처나 염증 없음
☐ 벼룩이나 진드기 없음 ☐ 치석, 치염, 입 냄새 없음   ☐ 발톱 길이 균열 없음

+ 스티커

제목 :   년   월   일

☐ 활력이 넘치는 몸짓   ☐ 맛있게 사료, 간식을 먹음   ☐ 대소변 색과 냄새가 평소와 같음
☐ 털의 상태가 괜찮음   ☐ 눈꺼풀과 눈동자 이상 없음   ☐ 피부에 상처나 염증 없음
☐ 벼룩이나 진드기 없음 ☐ 치석, 치염, 입 냄새 없음   ☐ 발톱 길이 균열 없음

+ 스티커

제목 :   년   월   일

☐ 활력이 넘치는 몸짓   ☐ 맛있게 사료, 간식을 먹음   ☐ 대소변 색과 냄새가 평소와 같음
☐ 털의 상태가 괜찮음   ☐ 눈꺼풀과 눈동자 이상 없음   ☐ 피부에 상처나 염증 없음
☐ 벼룩이나 진드기 없음 ☐ 치석, 치염, 입 냄새 없음   ☐ 발톱 길이 균열 없음

+ 스티커

제목 :　　　　　　　　　　　　　년　월　일

- ☐ 활력이 넘치는 몸짓　☐ 맛있게 사료, 간식을 먹음　☐ 대소변 색과 냄새가 평소와 같음
- ☐ 털의 상태가 괜찮음　☐ 눈꺼풀과 눈동자 이상 없음　☐ 피부에 상처나 염증 없음
- ☐ 벼룩이나 진드기 없음　☐ 치석, 치염, 입 냄새 없음　☐ 발톱 길이 균열 없음

+ 스티커

제목 :　　　　　　　　　　　　　년　월　일

- ☐ 활력이 넘치는 몸짓　☐ 맛있게 사료, 간식을 먹음　☐ 대소변 색과 냄새가 평소와 같음
- ☐ 털의 상태가 괜찮음　☐ 눈꺼풀과 눈동자 이상 없음　☐ 피부에 상처나 염증 없음
- ☐ 벼룩이나 진드기 없음　☐ 치석, 치염, 입 냄새 없음　☐ 발톱 길이 균열 없음

+ 스티커

제목 :　　　　　　　　　　　　　년　월　일

- ☐ 활력이 넘치는 몸짓　☐ 맛있게 사료, 간식을 먹음　☐ 대소변 색과 냄새가 평소와 같음
- ☐ 털의 상태가 괜찮음　☐ 눈꺼풀과 눈동자 이상 없음　☐ 피부에 상처나 염증 없음
- ☐ 벼룩이나 진드기 없음　☐ 치석, 치염, 입 냄새 없음　☐ 발톱 길이 균열 없음

+ 스티커

제목 :　　　　　　　　　　　　　년　월　일

- ☐ 활력이 넘치는 몸짓　☐ 맛있게 사료, 간식을 먹음　☐ 대소변 색과 냄새가 평소와 같음
- ☐ 털의 상태가 괜찮음　☐ 눈꺼풀과 눈동자 이상 없음　☐ 피부에 상처나 염증 없음
- ☐ 벼룩이나 진드기 없음　☐ 치석, 치염, 입 냄새 없음　☐ 발톱 길이 균열 없음

Daily Diary

제목 :   년   월   일

+ 스티커

- ☐ 활력이 넘치는 몸짓   ☐ 맛있게 사료, 간식을 먹음   ☐ 대소변 색과 냄새가 평소와 같음
- ☐ 털의 상태가 괜찮음   ☐ 눈꺼풀과 눈동자 이상 없음   ☐ 피부에 상처나 염증 없음
- ☐ 벼룩이나 진드기 없음   ☐ 치석, 치염, 입 냄새 없음   ☐ 발톱 길이 균열 없음

제목 :   년   월   일

+ 스티커

- ☐ 활력이 넘치는 몸짓   ☐ 맛있게 사료, 간식을 먹음   ☐ 대소변 색과 냄새가 평소와 같음
- ☐ 털의 상태가 괜찮음   ☐ 눈꺼풀과 눈동자 이상 없음   ☐ 피부에 상처나 염증 없음
- ☐ 벼룩이나 진드기 없음   ☐ 치석, 치염, 입 냄새 없음   ☐ 발톱 길이 균열 없음

제목 :   년   월   일

+ 스티커

- ☐ 활력이 넘치는 몸짓   ☐ 맛있게 사료, 간식을 먹음   ☐ 대소변 색과 냄새가 평소와 같음
- ☐ 털의 상태가 괜찮음   ☐ 눈꺼풀과 눈동자 이상 없음   ☐ 피부에 상처나 염증 없음
- ☐ 벼룩이나 진드기 없음   ☐ 치석, 치염, 입 냄새 없음   ☐ 발톱 길이 균열 없음

제목 :   년   월   일

+ 스티커

- ☐ 활력이 넘치는 몸짓   ☐ 맛있게 사료, 간식을 먹음   ☐ 대소변 색과 냄새가 평소와 같음
- ☐ 털의 상태가 괜찮음   ☐ 눈꺼풀과 눈동자 이상 없음   ☐ 피부에 상처나 염증 없음
- ☐ 벼룩이나 진드기 없음   ☐ 치석, 치염, 입 냄새 없음   ☐ 발톱 길이 균열 없음

+
스티커

제목 :　　　　　　　　　　　　　　년　월　일

☐ 활력이 넘치는 몸짓　☐ 맛있게 사료, 간식을 먹음　☐ 대소변 색과 냄새가 평소와 같음
☐ 털의 상태가 괜찮음　☐ 눈꺼풀과 눈동자 이상 없음　☐ 피부에 상처나 염증 없음
☐ 벼룩이나 진드기 없음　☐ 치석, 치염, 입 냄새 없음　☐ 발톱 길이 균열 없음

+
스티커

제목 :　　　　　　　　　　　　　　년　월　일

☐ 활력이 넘치는 몸짓　☐ 맛있게 사료, 간식을 먹음　☐ 대소변 색과 냄새가 평소와 같음
☐ 털의 상태가 괜찮음　☐ 눈꺼풀과 눈동자 이상 없음　☐ 피부에 상처나 염증 없음
☐ 벼룩이나 진드기 없음　☐ 치석, 치염, 입 냄새 없음　☐ 발톱 길이 균열 없음

+
스티커

제목 :　　　　　　　　　　　　　　년　월　일

☐ 활력이 넘치는 몸짓　☐ 맛있게 사료, 간식을 먹음　☐ 대소변 색과 냄새가 평소와 같음
☐ 털의 상태가 괜찮음　☐ 눈꺼풀과 눈동자 이상 없음　☐ 피부에 상처나 염증 없음
☐ 벼룩이나 진드기 없음　☐ 치석, 치염, 입 냄새 없음　☐ 발톱 길이 균열 없음

+
스티커

제목 :　　　　　　　　　　　　　　년　월　일

☐ 활력이 넘치는 몸짓　☐ 맛있게 사료, 간식을 먹음　☐ 대소변 색과 냄새가 평소와 같음
☐ 털의 상태가 괜찮음　☐ 눈꺼풀과 눈동자 이상 없음　☐ 피부에 상처나 염증 없음
☐ 벼룩이나 진드기 없음　☐ 치석, 치염, 입 냄새 없음　☐ 발톱 길이 균열 없음

Daily Diary

+ 스티커

제목 :　　　　　　　　　　　　　년　월　일

- ☐ 활력이 넘치는 몸짓
- ☐ 맛있게 사료, 간식을 먹음
- ☐ 대소변 색과 냄새가 평소와 같음
- ☐ 털의 상태가 괜찮음
- ☐ 눈꺼풀과 눈동자 이상 없음
- ☐ 피부에 상처나 염증 없음
- ☐ 벼룩이나 진드기 없음
- ☐ 치석, 치염, 입 냄새 없음
- ☐ 발톱 길이 균열 없음

+ 스티커

제목 :　　　　　　　　　　　　　년　월　일

- ☐ 활력이 넘치는 몸짓
- ☐ 맛있게 사료, 간식을 먹음
- ☐ 대소변 색과 냄새가 평소와 같음
- ☐ 털의 상태가 괜찮음
- ☐ 눈꺼풀과 눈동자 이상 없음
- ☐ 피부에 상처나 염증 없음
- ☐ 벼룩이나 진드기 없음
- ☐ 치석, 치염, 입 냄새 없음
- ☐ 발톱 길이 균열 없음

+ 스티커

제목 :　　　　　　　　　　　　　년　월　일

- ☐ 활력이 넘치는 몸짓
- ☐ 맛있게 사료, 간식을 먹음
- ☐ 대소변 색과 냄새가 평소와 같음
- ☐ 털의 상태가 괜찮음
- ☐ 눈꺼풀과 눈동자 이상 없음
- ☐ 피부에 상처나 염증 없음
- ☐ 벼룩이나 진드기 없음
- ☐ 치석, 치염, 입 냄새 없음
- ☐ 발톱 길이 균열 없음

+ 스티커

제목 :　　　　　　　　　　　　　년　월　일

- ☐ 활력이 넘치는 몸짓
- ☐ 맛있게 사료, 간식을 먹음
- ☐ 대소변 색과 냄새가 평소와 같음
- ☐ 털의 상태가 괜찮음
- ☐ 눈꺼풀과 눈동자 이상 없음
- ☐ 피부에 상처나 염증 없음
- ☐ 벼룩이나 진드기 없음
- ☐ 치석, 치염, 입 냄새 없음
- ☐ 발톱 길이 균열 없음

+ 스티커	제목 :	년 월 일

☐ 활력이 넘치는 몸짓 ☐ 맛있게 사료, 간식을 먹음 ☐ 대소변 색과 냄새가 평소와 같음
☐ 털의 상태가 괜찮음 ☐ 눈꺼풀과 눈동자 이상 없음 ☐ 피부에 상처나 염증 없음
☐ 벼룩이나 진드기 없음 ☐ 치석, 치염, 입 냄새 없음 ☐ 발톱 길이 균열 없음

+ 스티커	제목 :	년 월 일

☐ 활력이 넘치는 몸짓 ☐ 맛있게 사료, 간식을 먹음 ☐ 대소변 색과 냄새가 평소와 같음
☐ 털의 상태가 괜찮음 ☐ 눈꺼풀과 눈동자 이상 없음 ☐ 피부에 상처나 염증 없음
☐ 벼룩이나 진드기 없음 ☐ 치석, 치염, 입 냄새 없음 ☐ 발톱 길이 균열 없음

+ 스티커	제목 :	년 월 일

☐ 활력이 넘치는 몸짓 ☐ 맛있게 사료, 간식을 먹음 ☐ 대소변 색과 냄새가 평소와 같음
☐ 털의 상태가 괜찮음 ☐ 눈꺼풀과 눈동자 이상 없음 ☐ 피부에 상처나 염증 없음
☐ 벼룩이나 진드기 없음 ☐ 치석, 치염, 입 냄새 없음 ☐ 발톱 길이 균열 없음

+ 스티커	제목 :	년 월 일

☐ 활력이 넘치는 몸짓 ☐ 맛있게 사료, 간식을 먹음 ☐ 대소변 색과 냄새가 평소와 같음
☐ 털의 상태가 괜찮음 ☐ 눈꺼풀과 눈동자 이상 없음 ☐ 피부에 상처나 염증 없음
☐ 벼룩이나 진드기 없음 ☐ 치석, 치염, 입 냄새 없음 ☐ 발톱 길이 균열 없음

Daily Diary

제목 :　　　　　　　　　　　년　월　일

＋
스티커

- ☐ 활력이 넘치는 몸짓　☐ 맛있게 사료, 간식을 먹음　☐ 대소변 색과 냄새가 평소와 같음
- ☐ 털의 상태가 괜찮음　☐ 눈꺼풀과 눈동자 이상 없음　☐ 피부에 상처나 염증 없음
- ☐ 벼룩이나 진드기 없음　☐ 치석, 치염, 입 냄새 없음　☐ 발톱 길이 균열 없음

제목 :　　　　　　　　　　　년　월　일

＋
스티커

- ☐ 활력이 넘치는 몸짓　☐ 맛있게 사료, 간식을 먹음　☐ 대소변 색과 냄새가 평소와 같음
- ☐ 털의 상태가 괜찮음　☐ 눈꺼풀과 눈동자 이상 없음　☐ 피부에 상처나 염증 없음
- ☐ 벼룩이나 진드기 없음　☐ 치석, 치염, 입 냄새 없음　☐ 발톱 길이 균열 없음

제목 :　　　　　　　　　　　년　월　일

＋
스티커

- ☐ 활력이 넘치는 몸짓　☐ 맛있게 사료, 간식을 먹음　☐ 대소변 색과 냄새가 평소와 같음
- ☐ 털의 상태가 괜찮음　☐ 눈꺼풀과 눈동자 이상 없음　☐ 피부에 상처나 염증 없음
- ☐ 벼룩이나 진드기 없음　☐ 치석, 치염, 입 냄새 없음　☐ 발톱 길이 균열 없음

제목 :　　　　　　　　　　　년　월　일

＋
스티커

- ☐ 활력이 넘치는 몸짓　☐ 맛있게 사료, 간식을 먹음　☐ 대소변 색과 냄새가 평소와 같음
- ☐ 털의 상태가 괜찮음　☐ 눈꺼풀과 눈동자 이상 없음　☐ 피부에 상처나 염증 없음
- ☐ 벼룩이나 진드기 없음　☐ 치석, 치염, 입 냄새 없음　☐ 발톱 길이 균열 없음

제목 :   년   월   일

+
스티커

- ☐ 활력이 넘치는 몸짓　☐ 맛있게 사료, 간식을 먹음　☐ 대소변 색과 냄새가 평소와 같음
- ☐ 털의 상태가 괜찮음　☐ 눈꺼풀과 눈동자 이상 없음　☐ 피부에 상처나 염증 없음
- ☐ 벼룩이나 진드기 없음　☐ 치석, 치염, 입 냄새 없음　☐ 발톱 길이 균열 없음

제목 :   년   월   일

+
스티커

- ☐ 활력이 넘치는 몸짓　☐ 맛있게 사료, 간식을 먹음　☐ 대소변 색과 냄새가 평소와 같음
- ☐ 털의 상태가 괜찮음　☐ 눈꺼풀과 눈동자 이상 없음　☐ 피부에 상처나 염증 없음
- ☐ 벼룩이나 진드기 없음　☐ 치석, 치염, 입 냄새 없음　☐ 발톱 길이 균열 없음

제목 :   년   월   일

+
스티커

- ☐ 활력이 넘치는 몸짓　☐ 맛있게 사료, 간식을 먹음　☐ 대소변 색과 냄새가 평소와 같음
- ☐ 털의 상태가 괜찮음　☐ 눈꺼풀과 눈동자 이상 없음　☐ 피부에 상처나 염증 없음
- ☐ 벼룩이나 진드기 없음　☐ 치석, 치염, 입 냄새 없음　☐ 발톱 길이 균열 없음

제목 :   년   월   일

+
스티커

- ☐ 활력이 넘치는 몸짓　☐ 맛있게 사료, 간식을 먹음　☐ 대소변 색과 냄새가 평소와 같음
- ☐ 털의 상태가 괜찮음　☐ 눈꺼풀과 눈동자 이상 없음　☐ 피부에 상처나 염증 없음
- ☐ 벼룩이나 진드기 없음　☐ 치석, 치염, 입 냄새 없음　☐ 발톱 길이 균열 없음

Daily Diary

스티커

제목 :   년   월   일

- ☐ 활력이 넘치는 몸짓
- ☐ 맛있게 사료, 간식을 먹음
- ☐ 대소변 색과 냄새가 평소와 같음
- ☐ 털의 상태가 괜찮음
- ☐ 눈꺼풀과 눈동자 이상 없음
- ☐ 피부에 상처나 염증 없음
- ☐ 벼룩이나 진드기 없음
- ☐ 치석, 치염, 입 냄새 없음
- ☐ 발톱 길이 균열 없음

스티커

제목 :   년   월   일

- ☐ 활력이 넘치는 몸짓
- ☐ 맛있게 사료, 간식을 먹음
- ☐ 대소변 색과 냄새가 평소와 같음
- ☐ 털의 상태가 괜찮음
- ☐ 눈꺼풀과 눈동자 이상 없음
- ☐ 피부에 상처나 염증 없음
- ☐ 벼룩이나 진드기 없음
- ☐ 치석, 치염, 입 냄새 없음
- ☐ 발톱 길이 균열 없음

스티커

제목 :   년   월   일

- ☐ 활력이 넘치는 몸짓
- ☐ 맛있게 사료, 간식을 먹음
- ☐ 대소변 색과 냄새가 평소와 같음
- ☐ 털의 상태가 괜찮음
- ☐ 눈꺼풀과 눈동자 이상 없음
- ☐ 피부에 상처나 염증 없음
- ☐ 벼룩이나 진드기 없음
- ☐ 치석, 치염, 입 냄새 없음
- ☐ 발톱 길이 균열 없음

스티커

제목 :   년   월   일

- ☐ 활력이 넘치는 몸짓
- ☐ 맛있게 사료, 간식을 먹음
- ☐ 대소변 색과 냄새가 평소와 같음
- ☐ 털의 상태가 괜찮음
- ☐ 눈꺼풀과 눈동자 이상 없음
- ☐ 피부에 상처나 염증 없음
- ☐ 벼룩이나 진드기 없음
- ☐ 치석, 치염, 입 냄새 없음
- ☐ 발톱 길이 균열 없음

+
스티커

제목 :　　　　　　　　　　　　　　년　월　일

☐ 활력이 넘치는 몸짓　☐ 맛있게 사료, 간식을 먹음　☐ 대소변 색과 냄새가 평소와 같음
☐ 털의 상태가 괜찮음　☐ 눈꺼풀과 눈동자 이상 없음　☐ 피부에 상처나 염증 없음
☐ 벼룩이나 진드기 없음　☐ 치석, 치염, 입 냄새 없음　☐ 발톱 길이 균열 없음

+
스티커

제목 :　　　　　　　　　　　　　　년　월　일

☐ 활력이 넘치는 몸짓　☐ 맛있게 사료, 간식을 먹음　☐ 대소변 색과 냄새가 평소와 같음
☐ 털의 상태가 괜찮음　☐ 눈꺼풀과 눈동자 이상 없음　☐ 피부에 상처나 염증 없음
☐ 벼룩이나 진드기 없음　☐ 치석, 치염, 입 냄새 없음　☐ 발톱 길이 균열 없음

+
스티커

제목 :　　　　　　　　　　　　　　년　월　일

☐ 활력이 넘치는 몸짓　☐ 맛있게 사료, 간식을 먹음　☐ 대소변 색과 냄새가 평소와 같음
☐ 털의 상태가 괜찮음　☐ 눈꺼풀과 눈동자 이상 없음　☐ 피부에 상처나 염증 없음
☐ 벼룩이나 진드기 없음　☐ 치석, 치염, 입 냄새 없음　☐ 발톱 길이 균열 없음

+
스티커

제목 :　　　　　　　　　　　　　　년　월　일

☐ 활력이 넘치는 몸짓　☐ 맛있게 사료, 간식을 먹음　☐ 대소변 색과 냄새가 평소와 같음
☐ 털의 상태가 괜찮음　☐ 눈꺼풀과 눈동자 이상 없음　☐ 피부에 상처나 염증 없음
☐ 벼룩이나 진드기 없음　☐ 치석, 치염, 입 냄새 없음　☐ 발톱 길이 균열 없음

Daily Diary

+ 스티커

제목 :   년   월   일

- ☐ 활력이 넘치는 몸짓
- ☐ 털의 상태가 괜찮음
- ☐ 벼룩이나 진드기 없음
- ☐ 맛있게 사료, 간식을 먹음
- ☐ 눈꺼풀과 눈동자 이상 없음
- ☐ 치석, 치염, 입 냄새 없음
- ☐ 대소변 색과 냄새가 평소와 같음
- ☐ 피부에 상처나 염증 없음
- ☐ 발톱 길이 균열 없음

+ 스티커

제목 :   년   월   일

- ☐ 활력이 넘치는 몸짓
- ☐ 털의 상태가 괜찮음
- ☐ 벼룩이나 진드기 없음
- ☐ 맛있게 사료, 간식을 먹음
- ☐ 눈꺼풀과 눈동자 이상 없음
- ☐ 치석, 치염, 입 냄새 없음
- ☐ 대소변 색과 냄새가 평소와 같음
- ☐ 피부에 상처나 염증 없음
- ☐ 발톱 길이 균열 없음

+ 스티커

제목 :   년   월   일

- ☐ 활력이 넘치는 몸짓
- ☐ 털의 상태가 괜찮음
- ☐ 벼룩이나 진드기 없음
- ☐ 맛있게 사료, 간식을 먹음
- ☐ 눈꺼풀과 눈동자 이상 없음
- ☐ 치석, 치염, 입 냄새 없음
- ☐ 대소변 색과 냄새가 평소와 같음
- ☐ 피부에 상처나 염증 없음
- ☐ 발톱 길이 균열 없음

+ 스티커

제목 :   년   월   일

- ☐ 활력이 넘치는 몸짓
- ☐ 털의 상태가 괜찮음
- ☐ 벼룩이나 진드기 없음
- ☐ 맛있게 사료, 간식을 먹음
- ☐ 눈꺼풀과 눈동자 이상 없음
- ☐ 치석, 치염, 입 냄새 없음
- ☐ 대소변 색과 냄새가 평소와 같음
- ☐ 피부에 상처나 염증 없음
- ☐ 발톱 길이 균열 없음

| + 스티커 | 제목 :   년　월　일 |

- ☐ 활력이 넘치는 몸짓　☐ 맛있게 사료, 간식을 먹음　☐ 대소변 색과 냄새가 평소와 같음
- ☐ 털의 상태가 괜찮음　☐ 눈꺼풀과 눈동자 이상 없음　☐ 피부에 상처나 염증 없음
- ☐ 벼룩이나 진드기 없음　☐ 치석, 치염, 입 냄새 없음　☐ 발톱 길이 균열 없음

제목 :　　　　　　　　　　　　　　　　　년　월　일

- ☐ 활력이 넘치는 몸짓　☐ 맛있게 사료, 간식을 먹음　☐ 대소변 색과 냄새가 평소와 같음
- ☐ 털의 상태가 괜찮음　☐ 눈꺼풀과 눈동자 이상 없음　☐ 피부에 상처나 염증 없음
- ☐ 벼룩이나 진드기 없음　☐ 치석, 치염, 입 냄새 없음　☐ 발톱 길이 균열 없음

제목 :　　　　　　　　　　　　　　　　　년　월　일

- ☐ 활력이 넘치는 몸짓　☐ 맛있게 사료, 간식을 먹음　☐ 대소변 색과 냄새가 평소와 같음
- ☐ 털의 상태가 괜찮음　☐ 눈꺼풀과 눈동자 이상 없음　☐ 피부에 상처나 염증 없음
- ☐ 벼룩이나 진드기 없음　☐ 치석, 치염, 입 냄새 없음　☐ 발톱 길이 균열 없음

제목 :　　　　　　　　　　　　　　　　　년　월　일

- ☐ 활력이 넘치는 몸짓　☐ 맛있게 사료, 간식을 먹음　☐ 대소변 색과 냄새가 평소와 같음
- ☐ 털의 상태가 괜찮음　☐ 눈꺼풀과 눈동자 이상 없음　☐ 피부에 상처나 염증 없음
- ☐ 벼룩이나 진드기 없음　☐ 치석, 치염, 입 냄새 없음　☐ 발톱 길이 균열 없음

개님을 위한 적금

- 가입 날짜 : _____
- 가입 개월 수 : _____
- 자동이체일 : _____
- 월 납입액 : _____

개님 이름 : _____

집사 이름 : _____

입금 때마다 통장에 체크해주세요!

- 만기금액 : _____

Part 4.
집사 가계부

☑ 개님을 위한 적금
☑ 집사의 월별 지출
☑ 집사의 일별 지출

집사의
월별 지출

.... *year*

Jan. ₩:	Total
₩:	₩:
₩:	Memo.

Feb. ₩:	Total
₩:	₩:
₩:	Memo.

Mar. ₩:	Total
₩:	₩:
₩:	Memo.

Apr. ₩:	Total
₩:	₩:
₩:	Memo.

May. ₩:	Total
₩:	₩:
₩:	Memo.

Jun. ₩:	Total
₩:	₩:
₩:	Memo.

Jul. ₩:	Total
₩:	₩:
₩:	Memo.

Aug. ₩:	Total
₩:	₩:
₩:	Memo.

Sep. ₩:	Total
₩:	₩:
₩:	Memo.

Oct. ₩:	Total
₩:	₩:
₩:	Memo.

Nov. ₩:	Total
₩:	₩:
₩:	Memo.

Dec. ₩:	Total
₩:	₩:
₩:	Memo.

집사의
월별 지출

.... *year*

Jan. ₩:   Total
   ₩:   ₩:
   ₩:   *Memo.*

Feb. ₩:   Total
   ₩:   ₩:
   ₩:   *Memo.*

Mar. ₩:   Total
   ₩:   ₩:
   ₩:   *Memo.*

Apr. ₩:   Total
   ₩:   ₩:
   ₩:   *Memo.*

May. ₩:   Total
   ₩:   ₩:
   ₩:   *Memo.*

Jun. ₩:   Total
   ₩:   ₩:
   ₩:   *Memo.*

Jul. ₩:   Total
   ₩:   ₩:
   ₩:   *Memo.*

Aug. ₩:   Total
   ₩:   ₩:
   ₩:   *Memo.*

Sep. ₩:   Total
   ₩:   ₩:
   ₩:   *Memo.*

Oct. ₩:   Total
   ₩:   ₩:
   ₩:   *Memo.*

Nov. ₩:   Total
   ₩:   ₩:
   ₩:   *Memo.*

Dec. ₩:   Total
   ₩:   ₩:
   ₩:   *Memo.*

집사의
일별 지출

Date: /

₩:
₩:
₩:
₩:

Total ₩:

Memo.

Date: /

₩:
₩:
₩:
₩:

Total ₩:

Memo.

Date: /

₩:
₩:
₩:
₩:

Total ₩:

Memo.

Date: /

₩:
₩:
₩:
₩:

Total ₩:

Memo.

Date: /

₩:
₩:
₩:
₩:

Total ₩:

Memo.

Date: /

₩:
₩:
₩:
₩:

Total ₩:

Memo.

Date: /

₩:
₩:
₩:
₩:

Total ₩:

Memo.

Date: /

₩:
₩:
₩:
₩:

Total ₩:

Memo.

Date: /

₩:
₩:
₩:
₩:

Total ₩:

Memo.

Date: /	Date: /	Date: /
₩:	₩:	₩:
₩:	₩:	₩:
₩:	₩:	₩:
₩:	₩:	₩:
Total ₩:	Total ₩:	Total ₩:
Memo.	*Memo.*	*Memo.*

Date: /	Date: /	Date: /
₩:	₩:	₩:
₩:	₩:	₩:
₩:	₩:	₩:
₩:	₩:	₩:
Total ₩:	Total ₩:	Total ₩:
Memo.	*Memo.*	*Memo.*

Date: /	Date: /	Date: /
₩:	₩:	₩:
₩:	₩:	₩:
₩:	₩:	₩:
₩:	₩:	₩:
Total ₩:	Total ₩:	Total ₩:
Memo.	*Memo.*	*Memo.*

집사의
일별 지출

Date: 　　　　/

　　　　₩:
　　　　₩:
　　　　₩:
　　　　₩:

Total ₩:

Memo.

Date: 　　　　/

　　　　₩:
　　　　₩:
　　　　₩:
　　　　₩:

Total ₩:

Memo.

Date: 　　　　/

　　　　₩:
　　　　₩:
　　　　₩:
　　　　₩:

Total ₩:

Memo.

Date: 　　　　/

　　　　₩:
　　　　₩:
　　　　₩:
　　　　₩:

Total ₩:

Memo.

Date: 　　　　/

　　　　₩:
　　　　₩:
　　　　₩:
　　　　₩:

Total ₩:

Memo.

Date: 　　　　/

　　　　₩:
　　　　₩:
　　　　₩:
　　　　₩:

Total ₩:

Memo.

Date: 　　　　/

　　　　₩:
　　　　₩:
　　　　₩:
　　　　₩:

Total ₩:

Memo.

Date: 　　　　/

　　　　₩:
　　　　₩:
　　　　₩:
　　　　₩:

Total ₩:

Memo.

Date: 　　　　/

　　　　₩:
　　　　₩:
　　　　₩:
　　　　₩:

Total ₩:

Memo.

Date: /	Date: /	Date: /
₩:	₩:	₩:
₩:	₩:	₩:
₩:	₩:	₩:
₩:	₩:	₩:
Total ₩:	Total ₩:	Total ₩:
Memo.	*Memo.*	*Memo.*

Date: /	Date: /	Date: /
₩:	₩:	₩:
₩:	₩:	₩:
₩:	₩:	₩:
₩:	₩:	₩:
Total ₩:	Total ₩:	Total ₩:
Memo.	*Memo.*	*Memo.*

Date: /	Date: /	Date: /
₩:	₩:	₩:
₩:	₩:	₩:
₩:	₩:	₩:
₩:	₩:	₩:
Total ₩:	Total ₩:	Total ₩:
Memo.	*Memo.*	*Memo.*

집사의
일별 지출

Date: /

₩:
₩:
₩:
₩:

Total ₩:

Memo.

Date: /

₩:
₩:
₩:
₩:

Total ₩:

Memo.

Date: /

₩:
₩:
₩:
₩:

Total ₩:

Memo.

Date: /

₩:
₩:
₩:
₩:

Total ₩:

Memo.

Date: /

₩:
₩:
₩:
₩:

Total ₩:

Memo.

Date: /

₩:
₩:
₩:
₩:

Total ₩:

Memo.

Date: /

₩:
₩:
₩:
₩:

Total ₩:

Memo.

Date: /

₩:
₩:
₩:
₩:

Total ₩:

Memo.

Date: /

₩:
₩:
₩:
₩:

Total ₩:

Memo.

Date: /	Date: /	Date: /
₩:	₩:	₩:
₩:	₩:	₩:
₩:	₩:	₩:
₩:	₩:	₩:
Total ₩:	Total ₩:	Total ₩:
Memo.	*Memo.*	*Memo.*

Date: /	Date: /	Date: /
₩:	₩:	₩:
₩:	₩:	₩:
₩:	₩:	₩:
₩:	₩:	₩:
Total ₩:	Total ₩:	Total ₩:
Memo.	*Memo.*	*Memo.*

Date: /	Date: /	Date: /
₩:	₩:	₩:
₩:	₩:	₩:
₩:	₩:	₩:
₩:	₩:	₩:
Total ₩:	Total ₩:	Total ₩:
Memo.	*Memo.*	*Memo.*

memo.

memo.

memo.

 **스티커 이용 방법** 스티커 분리 시 종이가 딸려올 수 있으니 세심한 손길이 필요해요^^

① 스티커 페이지를 다이어리와 분리해 자른다.
② 스티커 칼선을 찾아 부드럽게 떼어낸다.
Tip : 스티커 부분을 제외한 테두리 부분을 먼저 제거하면 스티커 사용이 편해집니다.

Hello My Dog 강아지 집사 다이어리

데일리 다이어리에 사용하세요~

#일상 스티커

 식사를 합시다!

 즐거운 산책

 같이 놀아요~

 퐁퐁 쇼핑

 간식 만들기

 개님을 위한 특식

 **#위생 스티커**

 개님 발톱깎기

 목욕하는 날

-1-

미용하는 날

귀청소하는 날

양치 치카치카

항문낭 짜기

배변 실수ㅠ

#스페셜데이
생일 축하합니다!

여행을 떠나요~

-2-